問題集

学べる

理論がわかれば
仕訳がわかる

×

日商簿記
1 級

全経簿記
上 級

理論

森田 文雄 著

JN086562

ネットスクール出版

はじめに

～会計理論を学ぶ方々へ～

「計算や処理はできるんだけど、理論が…」という話をよく聞きます。

これは、計算や処理の方法と、その背景にある理論を"別もの"と捉え、理論を暗記しにかかってしまっていることによるものです。

確かに、純粋に理論だけ、という内容もありますが、実際に試験で問われる理論の多くは『計算や処理の方法と密接な関係のある箇所』です。

したがって理論を学習する際にも、"理論は計算や処理と一体のもの"と捉え、その計算や処理が採用されている理論的な背景（理由）とともに学んでいくのが合理的です。

本書では、理論の問題集でありながら、理解しづらい箇所には『仕訳』や『計算方法』、そして、会計処理の『必要性』や『理由』をできるだけ入れるようにしました。

決して暗記しにかかるのではなく、これらを理解することこそが、理論に強くなる唯一の方法です。そして理論を理解すれば、計算や処理の理解も深まり、忘れにくくなっていきます。

確かに本書は、日商簿記１級、全経簿記上級の試験対策の本ではありますが、みなさんに会計理論の理解を通じて、税理士試験の財務諸表論や、公認会計士試験の財務会計論のベースになるものでもあります。

　本書を通じて、会計学の理解を深め、**日商簿記１級、全経簿記上級に合格するだけでなく、みなさんの人生が開かれていくこと**を祈念しております。

著者　公認会計士　森田文雄

目次

本書について

1級の理論問題の出題

100点満点中、会計学（配点25点）でおよそ5点、原価計算（配点25点）でおよそ5点分について空欄補充問題、正誤問題などが出題されています。

本書の特長

本書は、日商簿記1級 会計学、全経簿記上級 会計学の理論問題対策用の問題集です。また、原価計算の理論対策として、最終章に原価計算基準を掲載しています。

理論問題は抽象的な語句や文章が多いため、イメージがしにくいという特徴があります。ここで、基準の背景にある考え方、理由、数値例、仕訳例を押さえることで、理論の理解が進むだけでなく、仕訳（計算）の理解が進みます。

本書では、解説の必要な箇所に、規定の考え方や仕訳例や計算例を掲載しています。

1級の学習の流れ

　日商簿記1級の学習の流れを、弊社刊行の教材で示すと、次のように
なります。

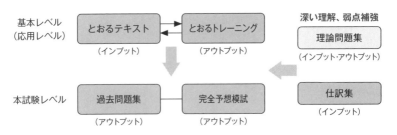

　本書「学べる理論問題集」は、テキストで学習した内容について、会
計理論の面から、より深い理解を得て、仕訳の理解に活かすための教材
です。

　そのため、とおるテキスト、とおるトレーニングなど、基本となる教
材が未学習の場合には、まずそちらから学習してください。

本書の構成

1．問題

　過去に出題された論点、今後出題が予想される論点を中心に、関連する会計基準を参考※にしながら、空欄補充問題と正誤問題を掲載しています。

> ※　会計基準の原文をそのまま記載するのではなく、1級の学習で必要な部分にフォーカスして読みやすくなるよう一部変えている箇所があります。

2．学習の仕方（重要度）

　各問題の右下に掲載している★マークは、本試験での重要度を表しています。

★★★：非 常 に 重 要→本試験で必ず正解しなければならない→　1回転目

　★★：それなりに重要→本試験で正解した方が望ましい　　→　2回転目

　　★：細 か い 知 識→プラス α として得点できると良い　→　3回転目

　★の内容には、一部、公認会計士 短答式試験のレベルの難解な論点も入っています。そのため、学習にあたっては、1回転目で★★★を通して学習し、2回転目で★★を中心に学習し、3回転目で★を中心に学習することをお勧めします。

3．解説

　正誤問題について解答が×の場合には、誤っている理由を記載しています。また、問題の内容がテキストにないもの、解説が必要なものには解説を付けています。

　なお、テキストに記載があるものまたは解説の必要性がそれほど高くないものについては解説を省略しています。

4．参考

理論を計算と関連付けたり、会計処理の背景にある考え方を知ることで理解が進む項目については、[理解] を付けています。

全経簿記上級試験では記述問題が出題されており、全経簿記上級試験を受験される方は、[理解] の箇所もしっかり見ておきましょう。

また、会計理論や会計処理の豆知識については、[豆知識] を付けています。

5．しおり

基本的に左ページに問題文を配置し、右ページに解答、解説を配置しています。そこで、問題を解くときに解答が見えないようにしおりを付けました（電子書籍には付いておりません）。

問題を解くときは、しおりで右ページの解答を隠して使うようにしてください。（なお、ページの配置上、やむを得ず解答が左ページにあるものも一部あります。）

6．解説動画

[動画] が付いている箇所については、ネットスクールの日商簿記1級対策のWEB講座の看板講師（中村雄行先生）の解説動画が見ることができます。動画の視聴方法については、次のページをご覧ください。

本書の内容に関する
解説動画無料配信 のご案内

本書の問題のうち、 のマークがついている章については、ネットスクールの日商簿記1級WEB講座で講師を務める中村先生の**解説動画を無料で配信**しています。※

※本書刊行後、動画を順次配信していく予定です。

このマークのついている問題が解説動画付の目印

| 0 | 投下資本の回収と企業価値の評価 |

解説動画の視聴はこちらから

http://www.ns-2.jp/1q_riron/

QRコードを読み込める
端末の方はこちら▶

(注意事項)
- 動画の視聴に必要な端末およびインターネット環境は、読者の皆様各自でご用意ください。
- 動画の視聴自体は無料ですが、視聴に伴い発生する通信料等はお客様のご負担となります。動画の視聴は通信データ量が多くなる傾向がございますので、ご注意ください。
- 配信する動画の内容などについては、事情により予告なく変更または配信の停止を行う場合もございます。あらかじめご了承ください。

学べる理論問題集

🖥 のマークがある章が、解説動画のある箇所となります。

0 投下資本の回収と企業価値の評価

1. 投下資本の回収 ★★★

　企業は投資家や金融機関から資本、負債として資金を調達し、調達した資金を、商品や固定資産、有価証券などに投資（運用）します。

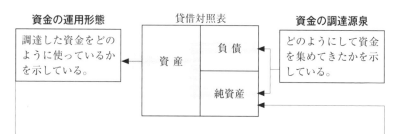

資金の運用形態

調達した資金をどのように使っているかを示している。

貸借対照表

| 資　産 | 負　債 |
| | 純資産 |

資金の調達源泉

どのようにして資金を集めてきたかを示している。

　そして、商品などを販売することで収益を獲得します。収益を獲得するにあたっては固定資産を使用したり、人件費や広告宣伝費などの費用を支出したりします。

　企業が資産に投資した額は販売などを通じて回収され、回収額のうち投資額を上回る部分が利益となります。このように**投下資本の回収余剰が利益**となります。そして、利益は純資産を増加させ、企業はさらに投資を行うという循環となっています。

損 益 計 算 書

▶販　売　｜商　　品→売上原価｜

▶使　用　｜固定資産→減価償却費｜

▶支　出　｜現　　金→諸　費　用｜

▶その他　｜　　…　　｜

収　　益　　▶投下資本の回収

利　益　｛　回収余剰

商品や固定資産は、投資額が回収できないとわかった時点で、損失を計上します。

2. 企業価値の評価　　　　　　　　　　　　　　　★★★

　外部に公表する財務諸表は財務諸表利用者のために作成するものであり、財務諸表利用者が何を重視するかによって、財務諸表の在り方や会計基準も変わってきました。

　ひと昔前は、どのような企業活動を行ってどれだけの利益が出たか（過去の情報）が注目されていました（**損益計算書重視**）。

　しかし、現在の投資家の関心事は企業の将来の株価、将来の企業の価値（未来の情報）であり、**貸借対照表も重視**されるようになりました。

　そして、いまだ当期純利益に含まれていない項目であるその他有価証券評価差額金といったその他の包括利益の情報も、将来の企業価値の評価に役立ちます。

　また、将来の見積りを財務諸表に反映させる項目（会計上の見積り）が増えており、関連する会計基準が増えています。

（会計上の見積り項目の主な例）

債　　　権：キャッシュ・フロー見積法	退職給付引当金：退職給付債務の見積り
棚卸資産：正味売却価額の見積り	資産除去債務：除去費用の見積り
減損会計：使用価値の見積り	引　当　金：将来の費用・損失の見積り
繰延税金資産：将来の課税所得の見積り	

見積り期間が長期にわたる場合、割引率を使って、現在価値で計上します。

次の各文章の空欄に適切な語句を記入しなさい。

(1) 棚卸資産については、原則として購入代価または製造原価に引取費用等の（　ア　）を加算して取得原価とし、次の評価方法の中から選択した方法を適用して売上原価等の払出原価と期末棚卸資産の価額を算定する。　★

① （　イ　）法

取得原価の異なる棚卸資産を区別して記録し、その個々の実際原価によって期末棚卸資産の価額を算定する方法。　★

② （　ウ　）法

最も古く取得されたものから順次払出しが行われ、期末棚卸資産は最も新しく取得されたものからなるとみなして期末棚卸資産の価額を算定する方法。　★★

③ （　エ　）法

取得した棚卸資産の（　エ　）を算出し、この（　エ　）によって期末棚卸資産の価額を算定する方法。なお、（　エ　）は、総平均法または移動平均法によって算出する。　★

④ （　オ　）法

値入率等の類似性に基づく棚卸資産のグループごとの期末の売価合計額に、原価率を乗じて求めた金額を期末棚卸資産の価額とする方法。

（　オ　）法は、取扱品種の極めて多い小売業等の業種における棚卸資産の評価に適用される。　★★

(2) 棚卸減耗損については、原価性がある場合には（　カ　）または販売費として表示し、原価性がない場合には営業外費用または特別損失として表示する。　★

⬛⬛▶ 解 答

ア	イ	ウ	エ	オ
付随費用	個 別	先入先出	平均原価	売価還元

カ
売上原価

➤ 解 説

棚卸資産には、商品、製品、半製品、原材料、仕掛品のほか、販売活動及び一般管理活動において消費される事務用消耗品なども含まれます。

(1)①個別法は、建設業における建築物、不動産販売業における不動産、宝石など個別性が強い棚卸資産の評価方法に適しています。

(2) 棚卸減耗が通常、発生する程度のものであれば販売活動で不可避的にする費用と考え、売上原価または販売費とします。一方、通常、発生する程度を超える場合には、営業外費用または特別損失とします。

(参考) 先入先出法における棚卸減耗損 ★★

先入先出法は、先に仕入れたものから先に費用化する方法です。そのため、期末商品帳簿棚卸高が複数の商品からなる場合、棚卸減耗も先に仕入れたものから発生したと考えます。

期末商品帳簿棚卸高：

2月仕入分：@ 100 円× 20 個、3月仕入分：@ 120 円× 80 個

期末商品実地棚卸高：90 個

棚卸減耗損：@ 100 円× 10 個 = 1,000 円

言葉の説明

「乗じて」とは、「掛けて」という意味です。

次の各文章の空欄に適切な語句を記入しなさい。

(1)　通常の販売目的で保有する棚卸資産は、取得原価をもって貸借対照表価額とし、期末における（　ア　）が取得原価よりも下落している場合には、（　ア　）をもって貸借対照表価額とする。　　　　　　　　　　★★★

(2)　前期に計上した簿価切下額の戻入れに関しては、当期に戻入れを行う方法（洗 替え法）と行わない方法（（　イ　）し法）のいずれかの方法を棚卸資産の種類ごとに選択適用できる。　　　　　　　　　　　　　　　★★

(3)　通常の販売目的で保有する棚卸資産について、収益性の低下による簿価切下額（前期に計上した簿価切下額を戻し入れる場合には、戻入額相殺後の額）は、（　ウ　）とするが、棚卸資産の製造に関連して不可避的に発生すると認められるときには（　エ　）として処理する。　　　　★★★

(4)　棚卸資産の収益性の低下にもとづく簿価切下額が、臨時の事象に起因し、かつ、多額であるときには、（　オ　）に計上する。　　　　　★★★

(5)　棚卸資産の評価において、製造業における原材料等のように再調達原価の方が把握しやすく、正味売却価額が再調達原価に歩調を合わせて動くと想定される場合には、継続して適用することを条件として、（　カ　）によることができる。　　　　　　　　　　　　　　　　　　　★★★

解 答

ア	イ	ウ	エ	オ
正味売却価額	切放 （きりはな）	売上原価	製造原価	特別損失

カ
再調達原価

解 説

> 正味売却価額 ＝ 売価 －（見積追加製造原価[01] ＋ 見積販売直接経費[02]）
> 再調達原価 ＝ 時価 ＋ 購入に付随する費用

01) 例えば仕掛品の場合、製造原価が少ししか発生していない進捗度10%の仕掛品と売価を比較しても正しく評価できないため、売価から、完成までの見積追加製造原価と、販売に係る見積販売直接経費を引いた額を正味売却価額とします。

02) 商品の発送費用や販売手数料などをいいます。

(3) 洗替え法の仕訳 ★★

> 例題　前期末に商品評価損700円、当期末に商品評価損1,000円を計上した。洗替法を採用している。

① 前期の評価損の戻入れ

（借）繰　越　商　品[02]　　700　　（貸）商品評価損戻入[01]　　700

② 当期の評価損の計上

（借）商　品　評　価　損　　1,000　　（貸）繰　越　商　品[02]　　1,000

01) 商品評価損勘定を用いることもあります。

02) 商品評価切下額勘定といった繰越商品の評価勘定を用いることもあります。

上記の評価損戻入と商品評価損を相殺後の300円を売上原価に計上します。

(4) 臨時の事象の例としては、重要な事業部門の廃止、災害損失の発生などがあります。なお、この場合、洗替え法を採用していても、簿価切下額の戻入（もどしいれ）を行うことはできません。

言葉の説明

「貸借対照表価額」とは、貸借対照表に計上する額と考えましょう。

次の各文章の空欄に適切な語句を記入しなさい。

(1) 通常の販売目的で保有する商品の費用配分は、原則として払出（　ア　）の計算と、払出（　イ　）の計算とに分けて行われる。払出（　ア　）に属する計算方法として代表的なものに棚卸計算法と（　ウ　）法の2つの方法がある。

　　ただし、取扱商品の種類が多い業種においては、払出（　ア　）の計算と、払出（　イ　）の計算とを分けずに一括して計算する（　エ　）法が採用されている。　　　　　　　　　　　　　　　　　　　　　　　　　　★★

(2) 売価還元法を採用している場合においても、期末における正味売却価額が帳簿価額よりも下落している場合には、正味売却価額をもって貸借対照表価額とする。

　　ただし、（　オ　）額等が売価合計額に適切に反映されている場合には、（　オ　）額及び（　オ　）取消額を除外した売価還元法の原価率により求められた期末棚卸資産の帳簿価額は、収益性の低下に基づく簿価切下額を反映したものとみなすことができる。　　　　　　　　　　　　　　★

(3) 当初から販売の努力を行う意図をもたずに、短期間の価格変動により利益を得ることを目的として保有する棚卸資産を（　カ　）目的で保有する棚卸資産といい、こうした棚卸資産については時価をもって貸借対照表価額とし、帳簿価額との差額は純額で売上高に表示する。　　　　　　　　　　★★

ア	イ	ウ	エ	オ
数 量	単 価	継続記録	売価還元	値 下

カ
トレーディング

▶ 解 説

(1)

棚卸資産の費用配分

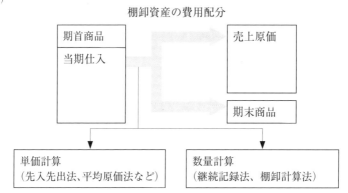

継続記録法では払出数量を帳簿記録に基づいて直接的に計算し、棚卸計算法では払出数量を実地棚卸に基づいて間接的に計算します。実際には継続記録法を採用し、実地棚卸もあわせて行うことで棚卸減耗損を把握しています。

(2) 原価率の計算式の分母の売価から値下額を引かないことで分母が大きくなり、結果として原価率が低くなります。値下は売れるようにするための売価の引き下げですが、収益性の低下とみなして計算することができます。

(3) トレーディング目的で保有する棚卸資産は、単に市場価格の変動により利益を得ることを目的として保有されている棚卸資産であり、商社が保有する金などの貴金属、石油などがあります。

次の各文章について、正しければ○を、誤っていれば×を付けなさい。

(1) 通常の販売目的で保有する棚卸資産について、収益性の低下に基づく簿価切下額が多額であるときには、必ず特別損失に計上する。　　★★★

(2) 棚卸資産の期末評価において、製造業における原材料等のように再調達原価の方が把握しやすく、正味売却価額が再調達原価に歩調を合わせて動くと想定される場合には、再調達原価によらなければならない。　　★★

(3) 棚卸資産の正味売却価額が帳簿価額を上回る場合、正味売却価額で評価する。　　★★

(4) トレーディング目的で保有する棚卸資産は、時価の変動により利益を得ることを目的として保有する点で、売買目的有価証券と同じ性格を有するので、棚卸資産に係る損益は、財務損益として営業外損益に計上する。

★★

(5) 再調達原価とは、購買市場と売却市場とが区別される場合における購買市場の時価に、購入に付随する費用を加算したものをいう。　　★

(1)	(2)	(3)	(4)	(5)
×	×	×	×	○

解 説

(1) 簿価切下額が、**臨時の事象に起因し**、かつ、多額であるときには、特別損失に計上します。

(2) **再調達原価によることもできる**のであって再調達原価によらなければならないわけではありません。なお、「正味売却価額が再調達原価に歩調を合わせて動く」とは、例えば、材料の仕入価格(再調達原価)が上がれば、それに合わせて製品の販売価格(正味売却価額)も上がる場合です。製造業の場合、このようなケースは多いと思います。

(3) 正味売却価額が帳簿価額を上回っている場合、帳簿価額で評価します。

(4) トレーディング目的で保有する棚卸資産に係る損益は、原則として、純額で**売上高に表示**します。

(5) 購買市場とは資産を購入する場合に企業が参加する市場をいい、売却市場とは資産を売却する場合に企業が参加する市場をいいます。

例えば、お弁当屋さんが魚を豊洲市場から仕入れて、焼き魚にしてお弁当として消費者に販売する場合、豊洲市場が購買市場、消費者に販売する市場が売却市場です。

(参考) 特別損益に計上する判断基準 理解

会計基準で表示区分が規定されていない取引について、特別損益に計上するかどうかの判断基準の1つとして、「臨時」かつ「多額(巨額)」であることが、商品評価損の表示の規定からわかります。

なお、「臨時的に発生」の対義語として「経常的に発生[01]」があります。

01) 毎期または一定の間隔で発生すること。

次の各文章について、正しければ○を、誤っていれば×を付けなさい。

(1) 営業循環過程から外れた滞留または処分見込等の棚卸資産について、合理的に算定された価額によることが困難な場合には、正味売却価額まで切り下げる方法に代えて、その状況に応じ、次のような方法により収益性の低下の事実を適切に反映するよう処理する。

① 帳簿価額を処分見込価額（ゼロまたは備忘価額を含む。）まで切り下げる方法

② 一定の回転期間を超える場合、規則的に帳簿価額を切り下げる方法 ☆

解　答

(1)
○

➤ **解　説**

(1) 長期間保有（滞留）している棚卸資産や、廃棄する見込みの棚卸資産については次のように処理します。

① 処分見込価額まで切り下げる。

② 規則的に切り下げる。(例えば、帳簿価額を3年間で均等償却するなど)

（参考）　規則的な帳簿価額の切り下げ 　　　★

　例えば、仕入日から販売日までの平均的な期間が6カ月で、会社では仕入日から期末までの滞留期間（保有期間）に応じて以下のように評価減する方針であるとします。

　期末までの滞留期間

　　　1年超：取得原価の3分の1を評価減

　　　2年超：取得原価の3分の1を評価減（累計で3分の2まで評価減）

　　　3年超：取得原価の3分の1を評価減（累計で全額評価減）

　当期末の滞留期間1年超の商品

　　　商品X（滞留期間1.5年）：取得原価30,000円（簿価：30,000円）

　　　商品Y（滞留期間2.5年）：取得原価60,000円（簿価：40,000円）

　　　商品Z（滞留期間3.5年）：取得原価90,000円（簿価：30,000円）

　当期の商品評価損

　　　商品X → 30,000円 ÷ 3年 ＝ 10,000円 → 簿価：20,000円

　　　商品Y → 60,000円 ÷ 3年 ＝ 20,000円 → 簿価：20,000円

　　　商品Z → 90,000円 ÷ 3年 ＝ 30,000円 → 簿価：0円

（参考）　棚卸資産の簿価切下げの考え方 　　　★★

　棚卸資産について収益性の低下のため、販売しても投資額の回収が見込めなくなった場合には、帳簿価額を切り下げます。

　収益性が低下した場合における簿価切下げは、取得原価基準[01]の下で回収可能性を反映させるように、**過大な帳簿価額を減額し、将来に損失を繰り延べないために行われる**会計処理です。

　評価時点における資金回収額を示す正味売却価額がその帳簿価額を下回っているとき（販売時に損失が生じる）には、収益性が低下していると考え、帳簿価額の切下げを行います。

01）　**12** 企業会計原則等 ⑦ 参照

（参考）　収益性の低下の要因　豆知識　　　　　　　　★

　商品の収益性の低下の要因としては、以下のものがあります。しかし、これらを区別して処理することは難しいため、商品評価損としてまとめて処理します。

① 　正味売却価額の低下：市場の需給変化
　（商品の需要と供給の関係による販売価格の下落など）

② 　品質低下：物理的な劣化（商品が傷付いたりなど）

③ 　陳腐化_{ちんぷか}：経済的な劣化（新機能の商品の発売による時代遅れなど）

（参考）　計算ミスに注意　理解　　　　　　★★★

　商業簿記の問題で、問題文の資料が会社全体のものか、部分的なものかを間違えないようにしましょう。

（数値例）

　期末商品帳簿棚卸高は 100,000 円であり、そのうち以下の Z 商品について棚卸減耗と収益性の低下が生じている。貸借対照表の商品の金額を答えなさい。

　Z 商品　仕入単価：@ 250 円　帳簿棚卸数量：120 個

　　　　　正味売却価額：@ 200 円　実地棚卸数量：100 個

　貸借対照表　商品：

　100,000 円 － @ 250 円×（120 個 － 100 個）－（@ 250 円 － @ 200 円）
　× 100 個 ＝ 90,000 円

　貸借対照表の商品を 20,000 円とする間違いに注意しましょう！

(参考) 正誤問題の問われ方 豆知識 ★★★

正誤問題の問われ方を分類すると、大きく以下のように分類されます。

① 財務諸表の表示区分

　　正しくは「特別損失」に表示しなければならないのに、問題文は「営業外費用」となっている。

② 2つの金額の選択基準

　　正しくは正味売却価額と使用価値のいずれか「高い方」であるのに、問題文は「低い方」となっている。または「割引前」なのに「割引後」となっている。または「相殺する」のか「相殺しない」のか。

③ 容認規定と義務規定

　　正しくは「○○することができる。」であるのに、問題文は「○○しなければならない。」となっている。

④ 年数

　　正しくは「平均残存勤務期間**以内**の年数で償却」であるのに、問題文は「平均残存勤務期間で償却」となっている。

⑤ 処理方法

　　正しくは「資本剰余金として処理」であるのに、問題文は「当期の損益として処理」となっている。

テキストで学習するときに、正誤問題での問われ方をイメージすると良いと思います。

2 固定資産の減損 ①

次の各文章の空欄に適切な語句を記入しなさい。

(1) 資産または資産グループに減損が生じている可能性を示す事象である
減損の（　ア　）がある場合には、その資産または資産グループについ
て、減損損失を認識するかどうかの判定を行う。減損の（　ア　）とし
ては、例えば、次の事象が考えられる。 ★

① 資産または資産グループが使用されている営業活動から生ずる損益
または（　イ　）が、継続してマイナスとなっているか、あるいは、
継続してマイナスとなる見込みであること ★

② 資産または資産グループが使用されている範囲または方法につい
て、その資産または資産グループの（　ウ　）を著しく低下させる変
化が生じたか、あるいは、生ずる見込みであること ★

③ 資産または資産グループが使用されている事業に関連して、
経営環境が著しく悪化したか、あるいは、悪化する見込みであること ★

④ 資産または資産グループの（　エ　）が著しく下落したこと ★

(2) 減損の兆候がある資産または資産グループについての減損損失の認識
において、資産または資産グループから得られる（　オ　）の総額が帳
簿価額を下回る場合には、減損損失を認識する。 ★★★

ア	イ	ウ	エ	オ
兆　候	キャッシュ・フロー	回収可能価額	市場価格	割引前将来キャッシュ・フロー

➤ 解 説

減損会計の流れ

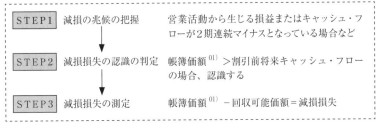

01) 取得原価から減価償却累計額を引いた額です。

(1)　①の「継続してマイナス」とは、営業活動から生ずる損益またはキャッシュ・フローが前々期と前期がマイナスであった場合です。

　「継続としてマイナスとなる見込み」とは、前期がマイナスで、当期以降の見込みが明らかにマイナスとなる場合です。

　②の例としては、固定資産の使用目的の変更や、売却の意思決定により回収可能価額が著しく低下する場合です。

　③の例としては、材料価格の高騰や、商品の販売価格及び販売数量の著しい下落が続き、市場環境が著しく悪化している場合などです。

2 固定資産の減損 ②

次の各文章の空欄に適切な語句または数字を記入しなさい。

(1) 減損損失の認識で割引前将来キャッシュ・フローを見積る期間は、資産の経済的残存使用年数または資産グループ中の主要な資産の経済的残存使用年数と（　ア　）年のいずれか短い方とする。　　　★★

(2) 減損損失を認識すべきであると判定された資産または資産グループについては、帳簿価額を（　イ　）まで減額し、その減少額を減損損失として当期の損失とする。　　　★★★

(3) 回収可能価額とは、資産または資産グループの（　ウ　）と（　エ　）のいずれか（　オ　）方の金額をいう。　　　★★★

(4) （　カ　）とは、資産または資産グループの時価から処分費用見込額を控除して算定される金額をいう。　　　★★★

(5) （　キ　）とは、資産または資産グループの継続的使用と使用後の処分によって生ずると見込まれる将来キャッシュ・フローの現在価値をいう。　　　★★★

ア	イ	ウ	エ	オ
20	回収可能価額	正味売却価額	使用価値	高 い

カ	キ	
正味売却価額	使用価値	※ ウとエは順不同

➤ 解 説

(1) 長期間にわたる将来キャッシュ・フローの見積りは不確実性が高くなる
ため、主要な資産の経済的残存使用年数と20年のいずれか短い方として
います。

残存使用年数	将来キャッシュ・フローの見積期間
10年の場合	10年＜20年 ➡ 10年とする
25年の場合	25年＞20年 ➡ 20年とする

資産または資産グループ中の主要な資産の経済的残存使用年数が20年
を超える場合には、20年経過時点の回収可能価額を算定し、20年目まで
の割引前将来キャッシュ・フローに加算します。

そもそも20年を超えた先のことはどうなるかわからず、割引前の金額
を用いるのは適切でない（見積りがあまい）と考えられるため、20年経
過時点の回収可能価額を加算します。

(3) 企業は、固定資産に対する投資を売却と使用のいずれかの手段によって
回収します。このとき、売却による回収額である正味売却価額と、使用に
よる回収額である使用価値のいずれか高い方を企業は選択します。

そのため、いずれか高い方となります。

言葉の説明

「主要な資産」とは、資産グループの将来キャッシュ・フローの獲得に最も重要
な役割を果たす資産をいいます。例えば、工場で製品を製造する場合、機械装置な
どが該当します。

2 固定資産の減損 ③

次の各文章の空欄に適切な語句を記入しなさい。

(1) 資産グループについて認識された減損損失は、（　ア　）にもとづく比
例配分等の合理的な方法により、資産グループの各構成資産に配分する。

★

(2) 減損損失は、損益計算書上、原則として、（　イ　）とする。　　★★★

(3) 減損処理を行った資産の貸借対照表における表示は、原則として、減損
処理前の取得原価から減損損失を（　ウ　）控除し、控除後の金額をその
後の取得原価とする形式で行う。

　　ただし、その資産に対する減損損失累計額を、取得原価から間接控除す
る形式で表示することもできる。この場合、減損損失累計額を減価償却累
計額に合算して表示することができる。

★

(4) 減損損失の認識と測定において行われる資産のグルーピングは、他の資
産または資産グループのキャッシュ・フローから概ね独立したキャッシュ・
フローを生み出す（　エ　）の単位で行う。

★

(5) 複数の資産または資産グループの将来キャッシュ・フローの生成に寄与
する資産のうち、のれん以外のものを（　オ　）という。　　★★★

ア	イ	ウ	エ	オ
帳簿価額	特別損失	直　接	最　小	共用資産

解 説

(4) 資産のグルーピング

　　企業は単独の固定資産で店舗や工場などを経営しているわけではなく、建物、備品、機械などの固定資産が一体となって、キャッシュ・フローを生み出しています。そのため、資産のグルーピングをする必要があります。

最小の単位

　　仮に大きな単位でグルーピングを行うと、損失を出している資産グループと利益を出している資産グループのキャッシュ・フローが相殺され、減損損失が計上されない可能性があります。そのため、最小の単位でグルーピングを行います。

(参考)　固定資産の減損処理の考え方 理解　★★

　　固定資産への投資は、その投資額を上回るキャッシュ・フローを回収することを目的として行われ、固定資産の減損は投資額の回収が見込めなくなった状態であり、いわば「投資の失敗」といえます。

　　固定資産の減損処理は、棚卸資産の評価減、固定資産の物理的な減失などと同様に、事業用資産の**過大な帳簿価額を減額し、将来に損失を繰り延べないために**行われます。

　　これは、金融商品の時価評価とは異なり、資産価値の変動によって利益を測定することや、決算日における資産価値を貸借対照表に表示することを目的とするものではなく、取得原価基準の下で行われる帳簿価額の臨時的な減額です。

言葉の説明

　「控除後」とは、「引いた後」と考えて大丈夫です。

　「寄与する」とは、「貢献する」または「役に立つ」という意味です。

次の各文章について、正しければ○を、誤っていれば×を付けなさい。

(1) 減損損失を認識するかどうかの判定は、資産または資産グループから得られる割引後将来キャッシュ・フローの総額と帳簿価額を比較することによって行う。 ★★★

(2) ある資産に関して減損損失を認識するかどうかを判定するために割引前将来キャッシュ・フローを見積る期間は、必ずその資産の経済的耐用年数である。 ★★

(3) 減損損失が認識され、その資産を回収可能価額で評価するにあたっては、正味売却価額と使用価値のうちいずれか低い方の金額とする。 ★★★

(4) 減損処理後に回収可能価額が回復した場合、減損損失の戻入れを行う。 ★★

(5) 固定資産の減損で、共用資産に関してより大きな単位でグルーピングを行う方法を採用している企業において、判定の結果、減損損失を認識することとなった場合には、共用資産を加えることによって算定される減損損失の増加額は、原則として、合理的な基準により各資産または資産グループに配分する。 ★★

(1)	(2)	(3)	(4)	(5)
×	×	×	×	×

▶ 解説

(1) 割引「**前**」将来キャッシュ・フローの総額と帳簿価額を比較します。

　　将来キャッシュ・フローの測定は主観的にならざるを得ないため、日本の会計基準では、減損の存在が相当程度に確実な場合に限って減損損失を認識します。ここで、割引前の金額が帳簿価額を下回っていれば、相当程度に確実な場合と考えることができます。

(2) 資産の経済的残存使用年数と **20 年**のいずれか短い方とします。

(3) 正味売却価額と使用価値のうちいずれか**高い方**の金額を回収可能価額とします。

(4) 日本の基準では、減損の存在が相当程度確実な場合に限って減損損失を認識・測定しているため、**減損損失の戻入れは行いません**。

(5) 共用資産を加えることによって算定される減損損失の増加額は、原則として、**共用資産に配分**します。

のれんの場合も同様に、減損損失増加額は、のれんに配分します。

次の各文章について、正しければ○を、誤っていれば×を付けなさい。

(1) 資産または資産グループの将来キャッシュ・フローの見積りにあたっては、本社費等の間接的な支出を合理的な基準で配分し、将来キャッシュ・フローから控除する。 ★

(2) 将来キャッシュ・フローの見積金額は、生起する可能性の最も高い単一の金額または生起しうる複数の将来キャッシュ・フローをそれぞれの確率で加重平均した金額とする。 ★

(3) 特許権から得られるキャッシュ・フローが著しく低下し、帳簿価額を下回る場合であっても、当初に見積もった残存有効期間内であれば、その帳簿価額を切り下げる必要はなく、予定通り償却を続行すればよい。 ★

（参考） 使用価値の計算に用いる割引率 ★

　使用価値の計算に用いる割引率の1つとして、加重平均資本コストがあります。これは借入資本コスト[01]と自己資本コスト[01]を加重平均した割引率です。加重平均資本コストは、原価計算の設備投資の意思決定でも学習します。

　　　01) 資本コストとは、企業が設備投資を行うにあたり調達した資金（資本）に係るコストをいいます。借入資本の場合、支払利息、自己資本の場合、配当金などのコストがかかります。

(1)	(2)	(3)
○	○	×

➤ **解 説**

(1) 本社費は、本社の人事部、情報システム部、経理部の費用といった、会社全体の管理に係る費用です。本社費等の間接的な支出も将来キャッシュ・フローを生み出すために必要な支出と考え、将来キャッシュ・フローから控除します。

　　なお、通常、該当する資産または資産グループの営業利益に減価償却費などの非資金損益項目を加算した金額から本社費配賦額などを差し引いて将来キャッシュ・フロー[01] を計算します。

　　01) 利息と法人税等の支払額については、通常、**固定資産の使用または処分から直接、生じる項目ではないため、将来キャッシュ・フローに含めません。**

(2) 生起する可能性の最も高い単一の金額を用いる方法を最頻値法（さいひんちほう）、確率で加重平均する方法を期待値法（きたいちほう）といいます。

★★

> **例題** 将来キャッシュ・フローのシナリオと金額及び確率は次のとおりである。
>
> | | 金　額 | 確　率 |
> |------|--------|--------|
> | シナリオ A | 1,000 円 | 40% |
> | シナリオ B | 1,500 円 | 50% |
> | シナリオ C | 2,000 円 | 10% |

　　最頻値法の場合：1,500 円

　　期待値法の場合：1,000 円 × 40% + 1,500 円 × 50% + 2,000 円 × 10% = 1,350 円

(3) 固定資産の減損処理の対象には建物、土地といった有形固定資産だけでなく、無形固定資産、投資その他の資産も含まれます（金融資産や繰延税金資産など他の会計基準に減損の定めがあるものを除きます）。

次の各文章の空欄に適切な語句を記入しなさい。

⑴ 時価の変動により利益を得ることを目的として保有する有価証券は、
（ ア ）をもって貸借対照表価額とし、評価差額は当期の（ イ ）と
して処理する。 ★★★

⑵ 満期保有目的債券について、債券を債券金額より低い価額または高い価
額で取得した場合において、取得価額と債券金額との差額の性格が金利の
調整と認められるときは、（ ウ ）にもとづいて算定された価額をもっ
て貸借対照表価額としなければならない。 ★★★

⑶ 子会社株式及び関連会社株式は、（ エ ）をもって貸借対照表価額と
する。 ★★★

⑷ 売買目的有価証券及び一年内に満期の到来する社債その他の債券は
（ オ ）に属するものとし、それ以外の有価証券は投資その他の資産に
属するものとする。 ★

（参考） 金融資産（有価証券）の評価の考え方 ★

　有価証券（金融資産）のうち、時価により自由な換金・決済等が可能
なものについては、投資家にとっての投資情報としても、企業の財務活
動の成果の把握のためにも、時価評価し財務諸表に反映することが必要
です。

　しかし、実質的に**価格変動リスクを認める必要のない場合**や、直ちに
売却・換金を行うことに事業遂行上等の制約がある場合があります。

　そのため、**時価評価を基本としつつ保有目的に応じた処理**をします。

▶ 解 答

ア	イ	ウ	エ	オ
時　価	損　益	償却原価法	取得原価	流動資産

▶ 解 説

(1) 売買目的有価証券は、売却することについて事業遂行上等の制約がなく、時価の変動にあたる評価差額が企業にとっての財務活動の成果と考えられるため、評価差額は当期の損益とします。

(2) 満期保有目的債券は、満期まで保有することによる利息と元本の受取りを目的としており、満期までの間の価格変動のリスクを認める必要がないため、時価評価しません。

　　なお、取得価額と債券金額との差額が金利の調整に該当しない場合とは、債券の発行会社の財政状態が著しく悪化し、債券の償還がされない可能性があるため時価が下がっているなど、特殊な場合です。

(3) 子会社株式の保有は、他の企業の支配を通じて事業活動により利益を獲得することが目的（事業投資）であるため、時価の変動を財務活動の成果とは捉えず取得原価で評価します。

　　関連会社株式の保有も、他の企業への影響力行使を通じて事業活動により利益を獲得することが目的であるため、取得原価で評価します。

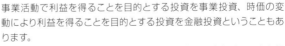

事業活動で利益を得ることを目的とする投資を事業投資、時価の変動により利益を得ることを目的とする投資を金融投資ということもあります。
事業投資には商品や固定資産などがあり、時価で売却することを想定していないため取得原価で評価します。
一方、金融投資には売買目的有価証券やデリバティブなどがあり、時価で売却することを想定しているため時価で評価します。

3 有価証券の評価 ②

次の各文章の空欄に適切な語句を記入しなさい。

(1) その他有価証券は、（ ア ）をもって貸借対照表価額とし、評価差額は洗い替え方式にもとづき、次のいずれかの方法により処理する。

① 評価差額の合計額を（ イ ）の部に計上する。（全部純資産直入法）

② 時価が取得原価を上回る銘柄に係る評価差額は（ イ ）の部に計上し、時価が取得原価を下回る銘柄に係る評価差額は当期の（ ウ ）として処理する。（部分純資産直入法） ★★★

(2) 市場価格のない株式は、（ エ ）をもって貸借対照表価額とする。市場価格のない株式とは、市場において取引されていない株式である。 ★★

(3) 満期保有目的の債券、子会社株式及び関連会社株式並びにその他有価証券のうち、市場価格のない株式等以外のものについて時価が著しく下落したときは、回復する見込があると認められる場合を除き、（ オ ）をもって貸借対照表価額とし、評価差額は当期の損失として処理しなければならない。この場合には、当該（ オ ）を翌期首の取得原価とする。 ★★

(4) 市場価格のない株式等については、発行会社の財政状態の悪化により（ カ ）が著しく低下したときは、相当の減額をなし、評価差額は当期の損失として処理しなければならない。この場合には、当該（ カ ）を翌期首の取得原価とする。 ★★

ア	イ	ウ	エ	オ
時　価	純資産	損　失	取得原価	時　価

カ
実質価額

➤ **解 説**

(1)　その他有価証券の時価は投資家にとって有用な投資情報ですが、事業遂行上等の必要性から直ちに売却・換金を行うことには制約を伴うこともある[01]ため、評価差額を直ちに当期の損益として処理しません。

> 01）　その他有価証券の最たるものとして、取引関係を維持するために保有する持合（もちあい）株式（かぶしき）があり、直ちに売却することができないことがあります。

(3)　「回復する見込があると認められる場合を除き」とは、回復する見込がない場合と、回復する見込が不明な場合をいいます。「回復する見込」とは、取得原価にほぼ近い水準まで回復する見込をいいます。

(3)(4)　有価証券の減損処理を行った場合、切放法による（取得原価に洗替えない）という理解で問題ありません。ただし、基準上は、簿価から切り下げた時価（実質価額）を翌期首の取得原価とするという規定になっています。

（参考）　**株式の実質価額の計算**　

　株式を実質価額により評価する場合、株式の発行会社の貸借対照表の純資産の額に資産等の時価評価による評価差額を加味して（時価情報を入手できる場合）、1株当たり純資産額を計算します。

　例えば、親会社が支配している子会社の株式の評価にあたっては、不動産鑑定評価などにより土地の時価の情報を入手できるため、含み益（損）を反映させる必要があります。

言葉の説明

　「当該」とは、「その」と置き換えて大丈夫です。

次の各文章の空欄に適切な語句を記入しなさい。

(1) その他有価証券評価差額金は、連結貸借対照表では純資産の部の
（　ア　）の区分に計上されるのに対して、個別貸借対照表では（　イ　）
の区分に計上される。　　　　　　　　　　　　　　　　　　　　★★★

(2) 支払手形、買掛金、借入金、社債その他の債務は、（　ウ　）額をもっ
て貸借対照表価額とする。

　　ただし、社債を社債金額よりも低い価額または高い価額で発行した場合
など、収入に基づく金額と債務額とが異なる場合には、（　エ　）に基づ
いて算定された価額をもって、貸借対照表価額としなければならない。

　　　　　　　　　　　　　　　　　　　　　　　　　　　　　　★★

(3) 有価証券のような金融商品は、売買契約日に取引を記録するのが原則で
ある。これを（　オ　）基準という。

　　ただし、買手は約定日から受渡日までの時価の変動のみを認識し、また
売手は売却損益だけを約定日に認識し、有価証券が移転したときに受渡し
を記録する（　カ　）基準の適用も認められている。　　　　　　★★

◾・解 答

ア	イ	ウ	エ	オ
その他の包括利益累計額	評価・換算差額等	債　務	償却原価法	約定日

カ
修正受渡日

➤ 解 説

(1)　「評価・換算差額等」の「・」を忘れないようにしましょう。

(3)　有価証券の売買契約については、原則として、売買約定日に買手は有価証券の発生を認識し、売手は有価証券の消滅の認識を行います（約定日基準）。

　　ただし、買手は約定日から受渡日までの時価の変動のみを認識し、また、売手は売却損益のみを約定日に認識する修正受渡日基準によることができます。

（参考）　金融負債（社債や借入金など）の評価の考え方

　　金融負債は、借入金のように一般的には市場がないか、社債のように市場があっても、自己の発行した社債を時価により自由に清算するには事業遂行上等の制約があると考えられます。

　　そのため、デリバティブ取引により生じる正味の債務を除き、**債務額**をもって**貸借対照表価額**とし、時価評価しません。

　　ただし、社債を社債金額よりも低い価額または高い価額で発行した場合など、収入に基づく金額と債務額とが異なる場合には、**償却原価法**で評価します。

次の各文章について、正しければ○を、誤っていれば×を付けなさい。

(1) その他有価証券の時価が著しく下落したときは、回復の見込みがあると認められる場合を除き、時価評価を行い、翌期首には洗替方式によって処理しなければならない。 ★★★

(2) 満期保有目的の債券への分類は、その取得当初の意図にもとづくものであり、売買目的で取得した債券を、取得後に満期保有目的の債券へ振り替えることは認められない。 ★

(3) その他有価証券について時価が著しく下落した場合、時価の回復の可能性があると認められるときであっても、評価損を計上しなければならない。 ★★

(1)	(2)	(3)
×	○	×

> 解 説

(1) 翌期首には、**時価**を取得原価とします。

(2) 安易に満期保有目的の債券に分類することで時価評価から逃れることを防ぐため、時価が下落して評価損を発生したことを理由に満期保有目的債券へ振り替えることはできません。

(3) 時価の回復の見込みがあると認められるときは、評価損を計上する**必要はありません**。

（参考） 復習の仕方 理解　★★

　復習の仕方の１つとして、付せんを使う方法があります。

　解けなかった問題に付せんを付けておき、付せんを付けた箇所だけを通して確認し、短い時間で復習します。

　確実に解けた箇所は復習する必要はありません。

次の各文章について、正しければ○を、誤っていれば×を付けなさい。

(1) 有価証券については、原則として、購入契約を締結した日（約定日）に、有価証券の発生を認識しなければならない。

　　ただし、約定日から受渡日までの時価の変動のみを認識する修正受渡日基準によることもできる。　　　　　　　　　　　　　　　　　　　★

(2) 譲渡人が譲渡した金融資産をその金融資産の満期日以前に買戻す権利または義務を実質的に有している場合には、金融資産の消滅の認識をしてはならない。　　　　　　　　　　　　　　　　　　　　　　　　　★

解　答

(1)	(2)
○	○

解　説

(1)　有価証券については、原則として、約定日に、有価証券の発生を認識しなければなりません。これは有価証券の買手は、約定日より時価が変動するリスクにさらされるからです。

　　ただし、約定日から受渡日までの時価の変動のみを認識する修正受渡日基準によることもできます。

(2)　金融資産の契約上の権利を行使したとき、権利を喪失したときまたは権利に対する**支配が他に移転**したときは、金融資産の**消滅**を認識しなければなりません。

　　なお、譲渡人が**買戻す権利を有している**ときは、権利に対する支配が他に移転していないと考え、金融資産の**消滅を認識しません**。

> **例題** 当社が保有するその他有価証券（7,000円）を、3月1日にA社に10,000円で売却し、代金は当座預金とした。なお、A社との間で2カ月後に買い戻すことに合意している。3月末のその他有価証券の時価は5,000円であった。
> 全部純資産直入法を採用し、税効果会計は無視する。

(1)　売却時（金融取引として処理）

　　(借) 当　座　預　金　　10,000　　(貸) 短　期　借　入　金　　10,000

(2)　決算時（時価評価）

　　(借) その他有価証券評価差額金　　2,000 [01] (貸) そ の 他 有 価 証 券　　2,000

　　　01) 5,000 円 － 7,000 円 ＝ △ 2,000 円

35

（参考）　勘定科目と表示科目の違い 　★★

　有価証券に限った話ではないのですが、勘定科目は社内の帳簿上で用いる科目、財務諸表上の表示科目は財務諸表に載せて「他人に」見せるときに用いる科目という関係があります。

　例えていうと、家庭内での家族の呼び名が「勘定科目」、対外的な家族の呼び名が「表示科目」のようなイメージです。

　家庭内での家族の呼び方はその家ごとに異なるように、社内の担当者しか見ない帳簿上の勘定科目は会社によって異なることもしばしばあります。

　他方、家庭内での呼び方がどうであれ、対外的には「私の父は…」のように言った方が良いのと同じように、一般的に「こうすべきだ」という感じで決められているのが、表示科目です。

　有価証券は保有目的に応じて処理方法が異なるので、社内の処理を考えると、保有目的に応じてそれぞれ勘定科目を分類した方が効率的ですから、「その他有価証券」や「子会社株式」などといった勘定科目を用いるのが多いです。

　一方、表示科目はあまり細かく分けすぎても貸借対照表が長くなって見づらいので、「投資有価証券」や「関係会社株式」のようにある程度まとめます。

　テキストにあるとおり、貸借対照表上は「関係会社株式」、損益計算書上は「関係会社株式評価損」のように書いた方が本試験では×にはならないので、表示科目はなるべく正確に押さえるようにしましょう。

なお、1級では出題されませんが、勘定科目から表示科目に振り替える手続きは、一般的には組替表上で行います。

個　別　組　替　表

	決算整理後 残高試算表	その他有価証券から 投資有価証券へ振替	子会社株式から 関係会社株式へ振替	…	貸借対照表
…					…
その他有価証券	500	− 500			0
子会社株式	700		− 700		0
…					…
投資有価証券		500			500
関係会社株式			700		700
…					…

有価証券の評価は、計算問題が頻繁に出題されていますので、しっかり対策しましょう。

次の各文章の空欄に適切な語句を記入しなさい。

(1) 貸倒見積高(かしだおれみつもりだか)の算定にあたっては、債務者の財政状態及び経営成績等に応じて、債権を次のように区分する。

① （ ア ）：経営状態に重大な問題が生じていない債務者に対する債権

② （ イ ）：経営破綻(けいえいはたん)の状態には至っていないが、債務の弁済に重大な問題が生じているかまたは生じる可能性が高い債務者に対する債権

③ （ ウ ）：経営破綻または実質的に経営破綻に陥っている債務者に対する債権　　　★★

(2) 債権の貸倒見積高は、その区分に応じて次の方法により算定する。

① 一般債権については、債権全体または同種・同類の債権ごとに、債権の状況に応じて求めた過去の（ エ ）等合理的な基準により貸倒見積高を算定する。　　　☆

② 貸倒懸念債権(かしだおれけねんさいけん)については、債権の状況に応じて、（ オ ）法または（ カ ）法により貸倒見積高を算定する。

（ オ ）法：債権額から担保(たんぽ)の処分見込額及び保証による回収見込額を減額し、その残額について債務者の財政状態及び経営成績を考慮して貸倒見積高を算定する方法

（ カ ）法：債権の元本の回収及び利息の受取りに係るキャッシュ・フローを見積ることができる債権については、債権の元本及び利息の受取りが見込まれるときから当期末までの期間にわたり当初の約定利子率で割り引いた金額の総額と債権の帳簿価額との差額を貸倒見積高とする方法　　　★★★

③ 破産更生債権等については、債権額から担保の処分見込額及び保証による回収見込額を減額し、その残額を貸倒見積高とする。　　　★★★

解 答

ア	イ	ウ	エ	オ
一般債権	貸倒懸念債権	破産更生債権等	貸倒実績率	財務内容評価

カ
キャッシュ・フロー見積

解 説

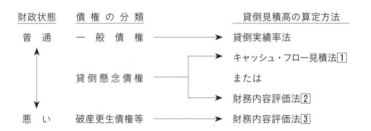

①　貸倒見積高＝債権金額－債権に係るキャッシュ・フローの割引現在価値

②　貸倒見積高＝（債権金額－担保処分・保証回収見込額）×貸倒設定率 [01)]

③　貸倒見積高＝債権金額－担保処分・保証回収見込額 [01)]

　　01)　貸倒懸念債権の場合、債務者の支払能力を総合的に判断し貸倒設定率を決定します。破産更生債権等の場合、経営破綻しており支払能力を考慮する必要がないため、貸倒設定率を掛けません。

(2)①同種・同類の債権とは

　　同種とは、売掛金、受取手形、貸付金、未収入金などの区別において同じものをいいます。同類とは、営業債権と営業外債権の区別において同じものや、短期や長期といった区別において同じものをいいます。

(2)②キャッシュ・フロー見積法で当初の利子率を用いる理由

　　キャッシュ・フロー見積法の割引率で改定約定利子率または市場利子率を用いないのは、債権を時価で評価し直すために行われるのではなく、債権の取得価額のうち**当初の見積キャッシュ・フローからの減損額を算定する**ことが目的だからです。

4 金銭債権の評価 ②

次の各文章について、正しければ○を、誤っていれば×を付けなさい。

(1) キャッシュ・フロー見積法では、当期末の変更後の利子率で割り引いた金額と債権の帳簿価額との差額を貸倒引当金とする。　　　★★★

(2) 破産更生債権等については、債権額から担保の処分見込額及び保証による回収見込額を減額し、その残額について債務者の財政状態及び経営成績を考慮して貸倒見積高を算定する。　　　★★★

(3) 破産更生債権等の貸倒見積高は、貸倒引当金として処理しなければならず、債権金額または取得価額から直接減額してはならない。　　　★

■■ ▶ 解 答

(1)	(2)	(3)
×	×	×

▶ 解 説

(1) **当初**の約定利子率で割り引いた金額と債権の帳簿価額との差額を貸倒引当金とします。

(2) 破産更生債権等については、債権額から担保の処分見込額及び保証による回収見込額を減額し、その残額を貸倒見積高とします。

(3) 破産更生債権等の貸倒見積高は、原則として、貸倒引当金として処理します。ただし、(債権の回収可能性がほとんどないと判断された場合)、貸倒見積高を債権金額または取得価額から**直接減額する**ことができます。

(参考) 金銭債権について時価評価をしない理由 豆知識 ★

金銭債権については、一般的に、債権を売買する活発な市場がない場合が多いです。このうち、受取手形や売掛金は、通常、短期的に決済され、帳簿価額が時価に近似しているものと考えられます。

また、貸付金等の債権は、時価を容易に入手できない場合や売却することを意図していない場合が多いです。そのため、金銭債権については、時価評価は行いません。

次の各文章の空欄に適切な語句を記入しなさい。

(1)　（　ア　）とは、有形固定資産の取得、建設、開発または通常の使用によって生じ、有形固定資産の除去に関して法令または契約で要求される法律上の義務及びそれに準ずるものをいう。　　　　　　　　　　　　　　　★★

(2)　資産除去債務は、有形固定資産の取得、建設、開発または通常の使用によって（　イ　）した時に負債として計上する。　　　　　　　　　★★

(3)　資産除去債務の発生時に、債務の金額を合理的に見積ることができない場合には、これを計上せず、債務額を（　ウ　）に見積ることができるようになった時点で負債として計上する。　　　　　　　　　　　　　★

(4)　資産除去債務はそれが発生したときに、有形固定資産の除去に要する割引前の将来キャッシュ・フローを見積り、（　エ　）の金額で算定する。　　　　　　　　　　　　　　　　　　　　　　　　　　　　★★★

(5)　資産除去債務に対応する除去費用は、資産除去債務を負債として計上した時に、負債の計上額と同額を、関連する（　オ　）の帳簿価額に加える。　　　　　　　　　　　　　　　　　　　　　　　　　　　　★★★

(6)　資産計上された資産除去債務に対応する除去費用は、（　カ　）を通じて、有形固定資産の残存耐用年数にわたり、各期に費用配分する。　　★★★

解 答

ア	イ	ウ	エ	オ
資産除去債務	発　生	合理的	割引後	有形固定資産

カ
減価償却

解 説

(1) 法令で要求される資産除去債務の例としては、アスベストなどの有害物質の除去費用があり、契約で要求される資産除去債務の例としては、原状回復義務や定期借地権[01]があります。

> 01) 借地権とは、土地を借り、借りた土地の上に建物を建てる権利です。定期借地権には、契約終了時に建物を解体・撤去し更地にして引渡すことが定められているものがあります。

なお、除去費用は、解体業者からの見積書などをもとに計算します。

(5) 資産除去債務計上時

（借）有 形 固 定 資 産 　　　××　　（貸）資 産 除 去 債 務　　　　××

なお、建物等の賃借契約で敷金を支出し計上している場合、資産除去債務を計上する代わりに、敷金のうち原状回復費用に充てると認められる金額を見積り、平均的な入居期間で償却する簡便法（（借）敷金償却／（貸）敷金）を用いることができます。

（参考）　資産除去債務の計上の基本的な考え方　

有形固定資産の除去に関する**企業の将来の負担**を財務諸表に反映させることは投資情報として有用であるため、資産除去債務を計上します。

次の各文章の空欄に適切な語句を記入しなさい。

(1)　資産除去債務の算定における割引前の将来キャッシュ・フローの見積金額は、生起する可能性の最も高い単一の金額または生起し得る複数の将来キャッシュ・フローをそれぞれの発生確率で（　ア　）した金額とする。★

(2)　時の経過による資産除去債務の調整額（利息費用）は、その発生時の費用として処理する。調整額は、期首の負債の帳簿価額に当初負債計上時の（　イ　）を乗じて算定する。　　　　　　　　　　　　　　★★

(3)　割引前の将来キャッシュ・フローに重要な見積りの変更が生じた場合の見積りの変更による調整額は、資産除去債務の帳簿価額及び関連する（　ウ　）の帳簿価額に加減して処理する。　　　　　　　　　　★★

（参考）　利息費用と支払利息の違い ★

　利息費用とは、割引計算により算定された期首時点における債務について、期末までの時の経過により発生する「計算上の利息」をいいます。

（借）利　息　費　用　　××　（貸）資 産 除 去 債 務　　××

　そのため、借入金の利息などお金を実際に支払った支払利息とは異なります。

ア	イ	ウ
加重平均	割引率	有形固定資産

▶ 解 説

（参考） 除去費用を固定資産の帳簿価額に含める意味

　　除去費用を有形固定資産の取得原価に含めることは、その資産への**投資について回収すべき額を引き上げる**ことを意味します。

　すなわち、付随費用と同じく、除去費用を取得原価に加えた上で費用配分を行うことで、固定資産の使用によりどれだけ稼いでいるかといった観点から有用な情報を提供することができます。

（仮に除去費用を取得原価に含めない場合）

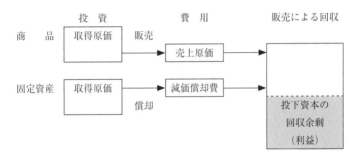

（除去費用を取得原価に含める場合）

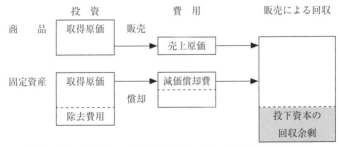

　　（注）　企業の投資として商品と固定資産しかないものと仮定しています。

次の各文章の空欄に適切な語句を記入しなさい。

(1) 割引前の将来キャッシュ・フローに重要な見積りの変更が生じ、キャッシュ・フローが増加する場合、その時点の割引率を適用する。

キャッシュ・フローが減少する場合には、（ ア ）計上時の割引率を適用する。 ★★★

(2) 資産除去債務は、貸借対照表日後1年以内にその履行が見込まれる場合を除き、（ イ ）の区分に資産除去債務等の適切な科目名で表示する。

貸借対照表日後1年以内に資産除去債務の履行が見込まれる場合には、（ ウ ）の区分に表示する。 ★★

(3) 有形固定資産に計上された除去費用に係る費用配分額は、損益計算書上、有形固定資産の（ エ ）と同じ区分に含めて計上する。 ★★★

(4) 時の経過による資産除去債務の調整額は、損益計算書上、資産除去債務に関連する有形固定資産の（ オ ）と同じ区分に含めて計上する。

★★★

ア	イ	ウ	エ	オ
負　債	固定負債	流動負債	減価償却費	減価償却費

➤ **解 説**

(1) 将来キャッシュ・フローが増加する場合、新たな負債が発生したと考えて増加時の割引率を用います。

　将来キャッシュ・フローが減少する場合、すでに計上している負債が減少したと考えて負債計上時の割引率を用います。

(4) 例えば、本社建物であれば、減価償却費を販売費及び一般管理費の区分に表示するため、利息費用も販売費及び一般管理費の区分に表示します。

　一方、**工場建物**であれば、減価償却費は、Ｐ／Ｌ上、最終的に売上原価（当期製品製造原価）の区分に表示するため、**利息費用も売上原価**（当期製品製造原価）の区分に表示します。

言葉の説明

　「貸借対照表日」とは、「決算日」または「期末日」のことです。

　「履行」とは、「実行すること」をいい、「資産除去債務」の履行とは、資産を実際に除去することをいいます。

次の各文章について、正しければ○を、誤っていれば×を付けなさい。

(1) 資産除去債務を負債として計上し、同額を有形固定資産の取得原価に反映させる処理を資産負債の両建処理（りょうだてしょり）という。 ☆

(2) 資産除去債務の割引前将来キャッシュ・フローが増加した後に、減少した場合において、減少部分に適用すべき割引率を特定できないときは、加重平均した割引率を適用する。 ☆

(3) 資産除去債務残高と実際に支払われた額との差額（履行差額）は、損益計算書上、原則として、除去費用に係る費用配分額と同じ区分に含めて計上する。 ★★★

━▶ 解 答

(1)	(2)	(3)
○	○	○

➤ 解 説

(1) 「資産除去債務に関する会計基準」では、資産負債の両建処理（りょうだてしょり）が採用されています。

一方、有形固定資産の除去に係る費用を各期に費用配分し、引当金として計上する方法（引当金処理）も検討されました。しかし、**引当金処理**の場合、有形固定資産の除去に必要な費用が貸借対照表に計上されず、負債計上が不十分であるため、**会計基準では採用されていません。**

除去費用の見積額は 30,000 円、3 年後に除去する場合の初年度の仕訳

（借）資産除去引当金繰入　　10,000　　（貸）資産除去引当金　　　　10,000

(2)　加重平均割引率　　　　　　　　　　　　　　　　　　　　　★

> **例題**　×1 年 4 月 1 日：除去費用 1,800 円（割引率 2 %）、耐用年数：3 年
> 　　　　×2 年 3 月 31 日：除去費用が 200 円増加（割引率 1 %）
> 　　　　×3 年 3 月 31 日：除去費用が 100 円減少、端数は四捨五入する。

$$加重平均割引率：2\% \times \frac{1,800 円}{1,800 円 + 200 円} + 1\% \times \frac{200 円}{1,800 円 + 200 円} = 1.9\%$$

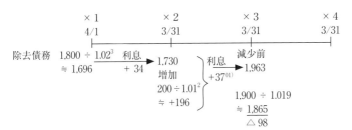

01)　1,730 円 × 2 % + 196 円 × 1 % ≒ 37 円または（1,730 円 + 196 円）× 1.9 % ≒ 37 円

×3 年 3 月 31 日

（借）資 産 除 去 債 務　　　　98　　（貸）有 形 固 定 資 産　　　　98

(3)　資産除去債務履行時

（借）資 産 除 去 債 務　　×× 　（貸）現 金 預 金　　×××
　　　履 行 差 額　　　　 ×

49

次の各文章について、正しければ○を、誤っていれば×を付けなさい。

⑴　資産除去債務の「引当金処理」は、除去費用が対象となる固定資産の使用に応じて各期間に費用配分されるという点で、「資産負債の両建処理」と同様であり、債務の負債計上額も同額となる。　　　　　　　　　　☆

⑵　資産除去債務は発生しているが、その債務を合理的に見積ることができないため資産除去債務を計上していない場合には、注記する。　　　　☆

⑶　時の経過による資産除去債務の調整額は、損益計算書上、営業外費用の区分に計上する。　　　　　　　　　　　　　　　　　　　　　☆☆☆

⑷　資産除去債務の算定に用いる割引率は、無リスクの税引前の利率とする。
　　　　　　　　　　　　　　　　　　　　　　　　　　　　　　　　☆

⑸　当初の除去予定時期よりも著しく早期に除去することとなった場合等、履行差額が異常な原因により生じたものである場合には、特別損益として処理する。　　　　　　　　　　　　　　　　　　　　　　　　　　　☆

(1)	(2)	(3)	(4)	(5)
×	○	×	○	○

▶ 解 説

(1) 引当金処理では、有形固定資産の除去費用が、各期に費用配分されるという点では、資産負債の両建処理と同じです。

しかし、引当金処理では、有形固定資産の除去に必要な金額が貸借対照表に計上されないことから、資産除去債務の負債計上が不十分です。

(2) 例えば、本社オフィスの賃借契約にもとづき退去時に原状回復義務があっても、使用期間が明確でなく、将来本社を移転する予定がない場合、資産除去債務を合理的に見積ることができない旨などを注記します。

(3) 時の経過による資産除去債務の調整額（利息費用）は、損益計算書上、有形固定資産の減価償却費と同じ区分に含めて計上します。

(4) 資産除去債務における割引率は、退職給付債務 [01] と同様に無リスクの割引率を用います。そのため、割引期間に対応した国債の利回りなどを参考に決定します。

信用リスク（債務不履行の可能性）を割引率に反映させると、信用リスクの高い企業の方が負債計上額が少なくなってしまうため、信用リスクは反映させません。

01) **6** 退職給付会計 ④ 参照

(5) 例えば、店舗の原状回復義務について、次の賃借人が居抜き物件として使用するため、原状回復義務の一部を免除され履行差額が貸方に計上され、特別利益に表示した事例がありました。

次の各文章の空欄に適切な語句を記入しなさい。

(1)　退職給付債務は、退職により見込まれる退職給付の総額（退職給付見込額）のうち、（　ア　）までに発生していると認められる額を割り引いて計算する。　　　　　★★★

(2)　退職給付見込額のうち期末までに発生したと認められる額は、次のいずれかの方法を選択適用して計算する。
　①（　イ　）基準：退職給付見込額について全勤務期間で除した額を各期の発生額とする方法
　②（　ウ　）基準：退職給付制度の給付算定式に従って各勤務期間に帰属させた給付に基づき見積った額を、退職給付見込額の各期の発生額とする方法　　　　　★

(3)　次の項目の当期に係る額は、退職給付費用として、当期純利益を構成する項目に含めて計上する。　　　　　★★★
　①　勤務費用
　②　（　エ　）
　③　期待運用収益
　④　数理計算上の差異に係る当期の費用処理額
　⑤　過去勤務費用に係る当期の費用処理額

(4)　勤務費用は、退職給付見込額のうち（　オ　）に発生したと認められる額を割り引いて計算する。　　　　　★★★

(5)　利息費用は、期首の退職給付債務に（　カ　）を乗じて計算する。　★★★

ア	イ	ウ	エ	オ
期　末	期間定額	給付算定式	利息費用	当　期

カ
割引率

➤ 解　説

(1)

> 例題 40 年勤務したときの退職金総額が 4,000,000 円、期間定額基準による。
> 当期末は勤務 30 年目であり、割引率 1 ％、10 年の現価係数は 0.9053
> とする。

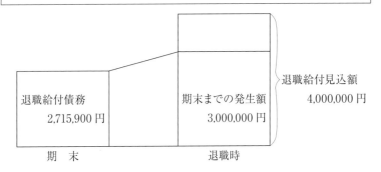

退職給付債務 2,715,900 円

期末までの発生額 3,000,000 円

退職給付見込額 4,000,000 円

期　末　　　　　　　　　　　　　退職時

期末までの発生額：$4{,}000{,}000 \text{ 円} \times \dfrac{30\,\text{年}}{40\,\text{年}} = 3{,}000{,}000 \text{ 円}$

退職給付債務：$3{,}000{,}000 \text{ 円} \times 0.9053 = 2{,}715{,}900 \text{ 円}$

言葉の説明

「退職給付」とは、一定の期間にわたり労働を提供したことなどにより退職以後
に支給される給付をいいます。

次の各文章の空欄に適切な語句を記入しなさい。

(1) 期待運用収益は、期首の年金資産の額に合理的に期待される長期期待運用（　ア　）を乗じて計算する。 ★★★

(2) 数理計算上の差異とは、年金資産の（　イ　）と実際の運用成果との差異、退職給付債務の数理計算に用いた見積数値と実績との差異及び見積数値の変更等により発生した差異をいう。

　なお、このうち当期純利益を構成する項目として費用処理（利益処理を含む。）されていないものを（　ウ　）という。 ★★★

(3) 数理計算上の差異は、原則として各期の発生額について、（　エ　）勤務期間以内の一定の年数で按分した額を毎期費用処理する。 ★★★

(4) 過去勤務費用とは、退職給付水準の改訂等に起因して発生した退職給付債務の増加または減少部分をいう。なお、このうち当期純利益を構成する項目として費用処理されていないものを（　オ　）という。 ★★★

(5) 過去勤務費用は、原則として各期の発生額について、（　カ　）勤務期間以内の一定の年数で按分した額を毎期費用処理する。 ★★★

ア	イ	ウ	エ	オ
収益率	期待運用収益	未認識数理計算上の差異	平均残存	未認識過去勤務費用

カ
平均残存

► 解 説

退職給付費用　P/L計上額：
　　勤務費用＋利息費用－期待運用収益±数理差異償却額±過去勤務費用償却額

退職給付引当金　B/S計上額：
　　期首残高＋退職給付費用－年金掛け金拠出－一時金支払額
　　　または
　　期末退職給付債務－期末年金資産±期末未認識差異残高[注]
　　　　　　　　　　　　　±期末過去勤務費用残高[注]
　　　　　　注）借方差異の場合→減算　　貸方差異の場合→加算

(2)(4)　過去勤務費用の発生原因である給付水準の改訂（給付水準の引上げなど）は、従業員の勤労意欲が将来にわたり向上すると考えられるため、一時の費用とせずに、一定の期間にわたり費用処理します。

　　数理計算上の差異については、例えば、株式市場や債券市場の変動などにより年金資産の運用で、一時的に借方差異や貸方差異が生じても、長期的に見た場合に相殺されると考えられるため、一時の費用とせずに、一定期間にわたり費用処理します。

次の各文章の空欄に適切な語句を記入しなさい。

(1) 個別貸借対照表上、退職給付債務に未認識数理計算上の差異及び未認識（　ア　）を加減した額から、年金資産の額を控除した額を負債として計上する。

　　ただし、年金資産の額が退職給付債務に未認識数理計算上の差異及び未認識過去勤務費用を加減した額を超える場合は、資産として計上する。

★★★

(2) 個別貸借対照表に負債として計上される額については（　イ　）の科目をもって固定負債に計上し、資産として計上される額については（　ウ　）等の適当な科目をもって固定資産に計上する。　　★★★

(3) 退職給付費用については、原則として売上原価または（　エ　）に計上する。

★

(4) 新たに退職給付制度を採用したときまたは給付水準の重要な改訂を行ったときに発生する過去勤務費用を発生時に全額費用処理する場合などにおいて、その金額が重要であると認められるときには、（　オ　）損益として計上することができる。

★

解 答

ア	イ	ウ	エ	オ
過去勤務費用	退職給付引当金	前払年金費用	販売費及び一般管理費	特 別

解 説

(1) 退職給付引当金を計上する場合と前払年金費用を計上する場合

退職給付引当金となる場合

年金資産 7,000 円	退職給付債務 10,000 円
未認識数理計算上の差異 200 円	
退職給付引当金 2,800 円	

（未認識数理計算上の差異が借方差異の場合）

前払年金費用となる場合

年金資産 10,000 円	退職給付債務 7,000 円
	未認識数理計算上の差異 200 円
	前払年金費用 2,800 円

（未認識数理計算上の差異が貸方差異の場合）

(3) 製造業における工場の従業員に対する退職給付費用は製造原価となり、最終的には売上原価となります。

（参考） 退職給付の会計基準の設定の経緯

　1990 年代のバブル崩壊による株価低迷により外部積立機関に積立を行った年金資産の運用収益率はバブルの時期と比較して低くなっていました。

　そして、退職給付債務に対して、外部積立機関の年金資産の多額の積立不足が発生していたにもかかわらず、当時は外部積立機関への積立額を費用として処理していただけでした。

　そのため、退職給付債務だけでなく年金資産も考慮した上で正味の債務（積立状況）を適切に表示するために、退職給付引当金を計上する処理に変更になりました。

次の各文章について、正しければ○を、誤っていれば×を付けなさい。

(1)　退職給付債務は、退職給付見込額のうち退職時までに発生していると認められる額を一定の割引率と残存勤務期間にもとづき割り引いて算定する。　☆

(2)　退職給付見込額のうち期末までに発生したと認められる額の計算方法としては、期間定額基準のみが認められている。　☆

(3)　退職給付債務の計算における割引率については、安全性の高い債券の利回りを基礎として決定するが、安全性の高い債券の利回りとは、期末における国債、政府機関債及び優良社債の利回りをいう。　☆

(4)　数理計算上の差異については、当期の発生額を翌期から費用処理する方法を用いることができる。　★★★

(5)　数理計算上の差異は、原則として、各期の発生額について、予想される退職時から現在までの平均的な期間で按分した額を毎期費用処理する。　★★

(6)　一時的に支払われる早期割増退職金は、勤務期間を通じた労働の提供に伴って発生した退職給付という性格を有していないため、退職給付見込額の見積りには含めない。　☆

(1)	(2)	(3)	(4)	(5)
×	×	○	○	×

(6)
○

▶ 解 説

(1) **期末までに発生していると認められる額**を一定の割引率と残存勤務期間にもとづき割り引いて算定します。

(2) 給付算定式基準も認められています。

(4) 数理計算上の差異は、期末の年金資産及び退職給付債務の実績が判明してからでないと算定できず、期末の年金資産及び退職給付債務の実績は翌期になってから年金基金等から報告されることがあるため、翌期から費用処理できます。

(5) 数理計算上の差異は、平均残存勤務期間**以内の一定の年数**で按分した額を毎期費用処理します。

平均残存勤務期間の計算例（計算は、試験には出ません）

当社は従業員３人のみで、入社 40 年で定年退職となる。

従業員	勤続年数	残存勤務期間
A氏	38 年	2 年
B氏	35 年	5 年
C氏	11 年	29 年

平均残存勤務期間：
（2年＋5年＋29年）÷3人＝12年

(6) 早期割増退職金は退職給付見込額の見積りに含めず、特別退職金勘定などを用いて費用処理します。

退職給付債務の割引率については、会計基準では「安全性の高い債券の利回りを基礎として決定する」と定められており、具体的には国債や倒産確率の低い優良企業（大手企業）の社債などの利回りをもとに決めることになっています。

　退職給付債務は長期に及ぶ債務なので、実際には数十年単位の比較的長期の国債や社債の利回りをもとに算定することが一般的なようです。

　原価計算で学習する設備投資の意思決定は「集めたお金の使い道」を検討するために、集めたお金にかかる資本コストをもとに割り引くことになりますが、退職給付債務は特に銀行や株主からお金を集める話とは無関係なので、より純粋に「貨幣の時間価値」を考慮する観点から、「国債のように誰でも安心してお金を増やせる手段」でどれくらいの利息が付くのかをもとに割引計算を行います。

　数値例をもとにみていきましょう（ここでは年金資産を無視します）。

　入社してから10年後に退職金10,000円を支払う義務があり、当期末の国債の利回りが1％で、当期末が入社してから5年経過している（期間定額基準を採用）とします。

　退職給付債務10,000円は10年後の債務であって、当期末に10,000円を退職給付引当金と計上すると、負債の計上しすぎとなります。

　当期末まで入社してから5年勤務しているので、退職給付債務は5,000円発生しています。そして、退職金の支払原資である現金預金を仮に安全性の高い国債で運用した場合、現金預金が当期末現在に4,757円[01]あれば10年後（当期末から5年後）には5,000円となり、当期末の退職給付債務を支払うことができます。

そのため、退職給付債務を割り引いて計上します。

01)　5,000 円 ÷ (1.01)^5 ≒ 4,757 円

また、計上されていない部分の退職給付債務は 1 年経過するごとに勤務費用として計上され、最終的に 10 年経過した時点で退職給付引当金の残高は 10,000 円となります。

(参考)　期間定額基準と給付算定式基準 ☆

　「期間定額基準」や「給付算定式基準」は、期末における退職給付債務の計算方法です。

　退職給付債務（退職する従業員に支払うべき金額）は、基本的に在職中の給料の金額で決まるのがほとんどで、年功序列制度を採用している日本では、在職期間が長くなれば勤務中の給料も増え、それに連動してその人に退職時に支払われる退職給付債務も増えていきます。

　こうした退職給付債務のうち、「期末時点で発生している」金額がいくらなのかを考える際に、実際に支払う給料をもとに計算していこうというのが「給付算定式基準」です。

　ただ、将来の従業員の給料（昇給）を正確に見積ることは困難であることが多いので、実際に支払われる（昇給を考慮した）給料のことは一旦無視して、単純に年数で割って計算しようというのが「期間定額基準」となります。

次の各文章の空欄に適切な語句を記入しなさい。

(1) 「ファイナンス・リース取引」とは、リース期間の中途において契約を解除することができないリース取引またはこれに準ずるリース取引で、借手が、リース物件からもたらされる（ ア ）を実質的に享受することができ、かつ、リース物件の使用に伴って生じるコストを実質的に負担することとなるリース取引をいう。 ★

(2) ファイナンス・リース取引については、借手は、リース取引開始日に、通常の（ イ ）取引に係る方法に準じた会計処理により、リース物件とこれに係る債務を（ ウ ）及び（ エ ）として計上する。 ★★★

(3) 「オペレーティング・リース取引」とは、（ オ ）取引以外のリース取引をいう。 ★

(4) オペレーティング・リース取引については、通常の（ カ ）取引に係る方法に準じて会計処理を行う。 ★

ア	イ	ウ	エ	オ
経済的利益	売　買	リース資産	リース債務	ファイナンス・リース

カ
賃貸借

▶　解　説

（参考）　法的形式と経済的実態 理解　☆

　リース取引の法的形式は固定資産の賃貸借取引です。しかし、取引の経済的実態は、借入資金による固定資産の購入です。

　財務諸表の作成目的は、財務諸表の利用者の意思決定に役立つ情報を提供することであり、企業が行った取引の**経済的実態を財務諸表に反映**させる必要があります。ただ多くの取引が法的形式と経済的実態が一致するため、法的形式にもとづいて会計処理を行っています。

　しかし、取引の経済的実態と法的形式が異なる場合には、本来の考え方である経済的実態にもとづいて会計処理を行う必要があります。

　ファイナンス・リース取引については、法的形式よりも経済的実態を重視し、固定資産の購入の処理を行います。

　なお、リース取引以外に、買戻し条件（当社が買戻す）がある場合の有価証券の売却[01]も、経済的実態は有価証券を担保とした借入れであると考え、有価証券を消滅させずに、借入金を計上します。

01）　**3**　有価証券の評価 ⑤ 参照

言葉の説明

　「享受」とは、「受取ること」と考えて大丈夫です。

次の各文章の空欄に適切な語句を記入しなさい。

(1) リース資産及びリース債務の計上額を算定するにあたっては、原則として、リース料総額からこれに含まれている（　ア　）相当額の合理的な見積額を控除する方法による。

　（　ア　）相当額については、原則として、リース期間にわたり（　イ　）法により配分する。　　　　　　　　　　　　　　　　★★★

(2) 所有権移転ファイナンス・リース取引に係るリース資産の減価償却費は、自己所有の固定資産に適用する減価償却方法と同一の方法により算定する。

　所有権移転外ファイナンス・リース取引に係るリース資産の減価償却費は、原則として、（　ウ　）を耐用年数とし、残存価額をゼロとして算定する。

　　　　　　　　　　　　　　　　　　　　　　　　　　　　　　★★

(3) リース資産については、原則として、有形固定資産、無形固定資産の別に、一括して（　エ　）として表示する。ただし、有形固定資産または無形固定資産に属する各科目に含めることもできる。　　　　　　　★

(4) リース債務については、貸借対照表日後 1 年以内に支払の期限が到来するものは（　オ　）に属するものとし、貸借対照表日後 1 年を超えて支払の期限が到来するものは（　カ　）に属するものとする。

　　　　　　　　　　　　　　　　　　　　　　　　　　　　　　★

ア	イ	ウ	エ	オ
利　息	利　息	リース期間	リース資産	流動負債

カ
固定負債

▶　解　説

(3)　例えば、備品と機械装置をリースした場合には、貸借対照表上、原則として、まとめてリース資産として表示します。

　　ただし、備品、機械装置としてそれぞれ表示することもできます。

　　なお、無形固定資産のリース資産の例としては、自社利用のソフトウェアのリースがあります。

言葉の説明

　「ファイナンス」とは、会計では「資金調達」を意味します。

　企業のファイナンスは、金融機関からの借入れや社債の発行などのデット・ファイナンスと、株式発行によるエクイティ・ファイナンスに分類されます。

次の各文章について、正しければ○を、誤っていれば×を付けなさい。

(1) 所有権移転外ファイナンス・リース取引によってリースした資産の取得原価は、貸し手の購入価額がわかる場合、貸し手の購入価額とリース資産の見積現金購入価額とのいずれか低い方の価額とする。 ★★★

(2) リース取引の借手の処理として、リース資産及びリース債務の計上額を算定するにあたっては、リース料総額によるのが原則である。 ★★★

(3) 所有権移転外ファイナンス・リース取引に係るリース資産の減価償却費は、自己所有の固定資産に適用する減価償却費と同一の方法により算定する。 ★★

(4) ファイナンス・リース取引において、貸手は、リース取引開始日に、所有権移転ファイナンス・リース取引についてはリース投資資産として、所有権移転外ファイナンス・リース取引についてはリース債権として計上しなければならない。 ★

(5) オペレーティング・リース取引のうち解約不能なものに係る未経過リース料は、財務諸表に注記しなければならない。 ★

(1)	(2)	(3)	(4)	(5)
×	×	×	×	○

解 説

(1) リース資産の見積現金購入価額ではなく、**リース料総額の割引現在価値**となります。

	借り手側でリース物件の貸し手の購入価額等が明らかな場合	借り手側でリース物件の貸し手の購入価額等が明らかでない場合
所有権移転ファイナンス・リース取引	貸し手の購入価額等	・見積現金購入価額 ・リース料総額の割引現在価値 }いずれか低い額
所有権移転外ファイナンス・リース取引	・貸し手の購入価額等 ・リース料総額の割引現在価値 }いずれか低い額	

(2) リース料総額から利息相当額の**合理的な見積額を控除する**のが原則です。

(3) 所有権移転外ファイナンス・リース取引の場合、リース資産の償却期間は**リース期間とし、残存価額はゼロ**とします。

(4) 貸手は、所有権移転ファイナンス・リース取引については**リース債権**として、所有権移転外ファイナンス・リース取引については**リース投資資産**として計上します。

(5) オペレーティング・リース取引のうち解約不能のものに係る未経過リース料は、貸借対照表日後1年以内のリース期間に係るものと、貸借対照表日後1年を超えるリース期間に係るものとに区分して注記します。

次の文章について、正しければ○を、誤っていれば×を付けなさい。

(1) セール・アンド・リースバック取引におけるリース取引がファイナンス・リース取引に該当する場合、借手（売り手）はその物件を売却と同時に再取得するとみなされるため、売却時点では「財またはサービスの第三者への提供」という実現の要件の1つを満たさない。

そのため、売却価額が帳簿価額を上回っていても、（借手）は売却時に売却益を計上してはならない。 ☆

解 答

(1)
○

解 説

(1) 借手は、物件の売却損益を長期前払費用または長期前受収益等として繰延べ、リース資産の減価償却費の割合に応じ配分し、減価償却費に加減して損益に計上します。

なお、収益認識基準の対象は企業の通常の営業活動による取引であり、固定資産の売却は対象外です。そのため、実現主義の原則[01]により収益を認識します。

01）財またはサービスを第三者への提供し、対価を取得した時点で収益を認識する基準。

（借）減価償却累計額　　××　（貸）有形固定資産　　×××
　　　現　金　預　金　　×××　　　　長期前受収益　　　××

（借）長期前受収益　　　　×　（貸）減価償却費　　　　　×

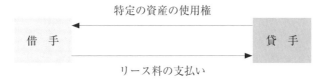

次の各文章の空欄に適切な語句を記入しなさい。

(1) 取引発生時の処理

外貨建取引（がいかだてとりひき）は、原則として、取引（　ア　）時の為替相場による円換算額をもって記録する。　　　　　　　　　　　　　　★★

(2) 決算時の処理

① 外国通貨及び外貨建金銭債権債務については、（　イ　）時の為替相場による円換算額を付（ふ）する。決算時における換算によって生じた換算（かんざん）差額（さがく）は、原則として、当期の（　ウ　）として処理する。　　★★

② 外貨建売買目的有価証券の決算時の円貨額は、外国通貨による時価を（　エ　）時の為替相場によって換算し、その換算差額は、評価損益として処理する。　　　　　　　　　　　　　　　　　　　　　　　　　★★

③ 外貨建満期保有目的債券に前期から償却原価法を適用している場合の決算時の貸借対照表価額は、償却原価を（　オ　）時の為替相場によって換算した円貨額とする。

損益計算書には、この当期末貸借対照表価額から前期末の貸借対照表価額を控除した金額のうち、償却原価法適用の外貨建当期償却額を（　カ　）相場により円換算した額を有価証券利息として計上し、その残額を（　キ　）として処理する。　　　　　　　　　　　　★★

④ その他有価証券については、外国通貨による時価を（　ク　）時の為替相場により円換算額した額を付する。（中略）　　　　★★

⑤ 子会社株式及び関連会社株式については、（　ケ　）時の為替相場による円換算額を付する。　　　　　　　　　　　　　　　　　　★

⑥ 決算時に生じた換算差額は、原則として為替差損益として処理し、差益と差損を相殺した純額で損益計算書に、原則として、（　コ　）損益に表示する。　　　　　　　　　　　　　　　　　　　　　　　　　★★

(3) 決済時の処理

　　外貨建金銭債権債務の決済によって生じた損益は、原則として、当期の
　　（　サ　）として処理する。　　　　　　　　　　　　　　　　　　　★★★

(4) 為替予約が付された外貨建取引であっても、外貨建取引と為替予約とを
　　別々の取引とみなし、それぞれについて会計処理を行うのが原則である。
　　この処理を（　シ　）という。　　　　　　　　　　　　　　　　　★★

(5) 為替予約の振当処理において、為替予約の締結時の直物為替相場による
　　円換算額と先物為替相場による円換算額との差額を（　ス　）といい、予
　　約日の属する期から決済日の属する期までの期間にわたって合理的な方法
　　により配分する。　　　　　　　　　　　　　　　　　　　　　　　★★★

解 答

ア	イ	ウ	エ	オ
発 生	決 算	為替差損益	決 算	決 算
カ	キ	ク	ケ	コ
期中平均	為替差損益	決 算	取 得	営業外
サ	シ	ス		
為替差損益	独立処理	直先差額		

解 説

(4) 為替予約はデリバティブ取引に該当します。デリバティブ取引は、原則
　　として期末に時価評価を行い、評価差額は損益として処理します[01]。こ
　　のように外貨建取引と為替予約とを別々に処理を行う方法を独立処理とい
　　います。なお、**容認処理**として**振当処理**（ふりあてしょり）が認められています。

　　　01)　**9**　デリバティブ ① 参照

(5) 為替予約締結時の直物為替相場による円換算額と、為替予約による円換
　　算額との差額を**直先差額**（じきさきさがく）といい、**期間配分**します。

　　　一方、金銭債権債務等の取得時または発生時の為替相場による円換算額
　　と、為替予約締結時の直物為替相場による円換算額とを**直々差額**（じきじきさがく）といい、
　　予約日の属する期の損益として処理します。

71

次の各文章について、正しければ○を、誤っていれば×を付けなさい。

⑴ 外貨建満期保有目的債券に償却原価法を適用する場合の償却額は、外国通貨による償却額を決算日レートにより円換算した額による。　　★★

⑵ 外貨建その他有価証券の換算では、外国通貨による取得原価を決算日の為替相場により円換算した額を付す。　　★★

⑶ 外貨建有価証券の時価の著しい下落または実質価値の低下により、決算日の為替相場による換算を行ったことによって生じた換算差額は、為替差損として処理する。　　★★

⑷ 為替予約の振当処理において、直先差額は予約日の属する期の損益として処理し、直々差額は予約日の属する期から決済日の属する期までの期間にわたり配分する。　　★★★

▬▬ ▸ 解 答

(1)	(2)	(3)	(4)
×	×	×	×

➤ 解 説

(1) 外国通貨による償却額を**期中平均相場**で換算します。

(2) 外国通貨による**時価**を決算日の為替相場で換算します。

(3) 換算差額は、**有価証券の評価損**として処理します。

(4) **直々差額**を予約日の属する期の損益として処理し、**直先差額**を予約日の
属する期から決済日の属する期までの期間にわたり配分します。

（参考） 為替予約における前払費用、前受収益 豆知識 　★

前払費用は、企業会計原則において「継続して役務（サービス）の提
供を受ける場合、いまだ提供されていない役務に対し支払われた対価」
とあり[01]、

前受収益は、「継続して役務の提供を行う場合、いまだ提供していない
役務に対し支払を受けた対価」とあります。

為替予約における直先差額は、支払われたものでもありませんし、支
払いを受けたものでもありません。そのため、厳密には経過勘定におけ
る前払費用・前受収益とは性格が異なります。

しかし、他に処理する適切な科目がないため、やむを得ず前払費用、
前受収益を用いています。

なお、セール・アンド・リースバック取引における長期前受収益、長
期前払費用も、同じ理由によります。

01） **12** 企業会計原則等 ④ 参照

次の各文章の空欄に適切な語句を記入しなさい。

⑴　（　ア　）取引とは、先物取引、先渡取引、（　イ　）取引、スワップ取引及びこれらに類似する取引をいう。

　　（　ア　）取引により生じる正味の債権及び債務は、（　ウ　）をもって貸借対照表価額とし、評価差額は原則として当期の損益として処理される。
★

⑵　為替予約の会計処理には、その適用条件により、「デリバティブ取引の原則的会計処理」、「ヘッジ会計」または「（　エ　）処理」の方法を選択・適用することができる。
★★

⑶　ヘッジ会計は、原則として、時価評価されているヘッジ手段に係る損益または評価差額を、ヘッジ対象に係る損益が認識されるまで（　オ　）の部において繰り延べる方法による。

　　ただし、ヘッジ対象である資産または負債に係る相場変動等を損益に反映させることにより、その損益とヘッジ手段に係る損益とを同一の会計期間に認識することもできる。
★★★

⑷　純資産の部に計上されるヘッジ手段に係る損益または評価差額については、（　カ　）会計を適用しなければならない。
★★

⑸　ヘッジ会計には、（　キ　）と（　ク　）と呼ばれる2つの方法があるが、ヘッジ対象の損益をその変動時に計上するのが（　キ　）であり、ヘッジ手段の損益計上をヘッジ対象の損益計上時にあわせるのが（　ク　）である。
★★

⑹　ヘッジ会計は、ヘッジ対象が消滅したときに終了し、繰り延べられているヘッジ手段に係る損益または評価差額は当期の（　ケ　）として処理しなければならない。
★

ア	イ	ウ	エ	オ
デリバティブ	オプション	時　価	振　当	純資産

カ	キ	ク	ケ	
税効果	時価ヘッジ	繰延ヘッジ	損　益	

解　説

(3)　繰延ヘッジ損益は、個別貸借対照表上、「評価・換算差額等」の区分に表示し、連結貸借対照表上、「その他の包括利益累計額」の区分に表示します。

（参考）　デリバティブ取引の会計処理の比較 　　★★

　　保有している債券（その他有価証券（全部純資産直入法）ヘッジ対象）の時価の下落に伴う損失を回避するために、ヘッジ手段として債券先物取引を行った場合についてみていきます。税効果は考慮しないものとする。

	取得原価等	×1期末時価	評価差額
その他有価証券	970	945	△25
債券先物取引	980※	950	+30※

※　債券先物取引の980円は売建価額を示し、時価が下がれば利益となる。

	原則処理	繰延ヘッジ	時価ヘッジ
ヘッジ対象	×1期末	×1期末	×1期末
その他有価証券	評価差額金 B/S　△25	評価差額金 B/S　△25	投資有価証券評価損益 P/L　△25
ヘッジ手段			
債券先物取引	先物取引損益 P/L　+30	繰延ヘッジ損益 B/S　+30	先物取引損益 P/L　+30

原 則 処 理：ヘッジ手段の評価差額を損益とします。

繰延ヘッジ：ヘッジ手段の評価差額を繰延べます。

時価ヘッジ：ヘッジ手段の評価差額を損益とし、ヘッジ対象の評価差額も全部純資産直入法にかかわらず損益とします。

次の各文章について、正しければ○を、誤っていれば×を付けなさい。

(1) デリバティブ取引により生じる正味の債権及び債務は、時価をもって貸借対照表価額とし、評価差額は、原則として、デリバティブ取引終了まで繰延経理する。 ★★★

(2) デリバティブ取引についてヘッジ会計を適用する場合には、デリバティブ取引により生じる正味の債権及び債務は、時価をもって貸借対照表価額とし、評価差額は、原則として、当期の損益として処理する。 ★★★

(3) 資産として貸借対照表に計上していた金利スワップの時価がマイナスとなった(負のポジションとなった)場合、貸借対照表においてこれを負債として計上する必要はない。 ★★

(4) 貸借対照表における繰延ヘッジ損益の表示は、原則として流動資産または流動負債の区分に表示する方法による。 ★★★

(1)	(2)	(3)	(4)
×	×	×	×

➤ 解 説

(1) デリバティブ取引による評価差額は、原則として**当期の損益**として処理します。

先物取引の場合の仕訳例

(借) 先 物 取 引 差 金　　×××　(貸) 先 物 取 引 損 益　　×××

(2) デリバティブ取引についてヘッジ会計を適用する場合には、原則として、**繰延ヘッジ**によります。

先物取引の場合の仕訳例

(借) 先 物 取 引 差 金　　×××　(貸) 繰 延 税 金 負 債　　　　×

　　　　　　　　　　　　　　　　　　繰 延 ヘ ッ ジ 損 益　　××

(3) 金利スワップ取引（デリバティブ取引）について負のポジションとなった場合（正味の債務が生じた場合）、貸借対照表においてこれを**負債として計上**します。

(4) 繰延ヘッジ損益は、個別貸借対照表上、**純資産の部の「評価・換算差額等」**の区分に表示します。

「ヘッジ」とは、リスクを避けることです。
1級では商業、製造業を営む会社を前提とするため、保有する資産のリスクをヘッジするために、ヘッジ会計を適用する計算問題が出題されています。

次の各文章の空欄に適切な語句を記入しなさい。

(1) 税効果会計は、企業会計上の（　ア　）または（　イ　）の額と課税所得計算上の（　ア　）または（　イ　）の額に相違がある場合において、法人税等の額を適切に期間配分することにより、法人税等を控除する前の当期純利益と法人税等を合理的に対応させることを目的とする手続である。　　　　　　　　　　　★★

(2) 一時差異とは、貸借対照表及び連結貸借対照表に計上されている資産及び負債の金額と課税所得計算上の資産及び負債の金額との差額をいう。
　　一時差異には、一時差異が解消するときにその期の課税所得を減額する効果を持つ（　ウ　）と、一時差異が解消するときにその期の課税所得を増額する効果を持つ（　エ　）とがある。　　　　　　★★★

(3) 繰延税金資産は、将来の法人税等の支払額を減額する効果を有し、一般的には法人税等の（　オ　）額に相当するため、資産としての性格を有するものと考えられる。　　　　　　　　　　　　　　　　　★★

(4) 繰延税金負債は、将来の法人税等の支払額を増額する効果を有し、一般的には法人税等の（　カ　）額に相当するため、負債としての性格を有するものと考えられる。　　　　　　　　　　　　　　　　　★★

(5) 繰延税金資産または繰延税金負債の差額を期首と期末で比較した増減額は、当期に納付すべき法人税等の（　キ　）として計上しなければならない。　　　　　　　　　　　　　　　　　　　　　　　★★★

(6) 税引前当期純利益の計算において費用または収益として計上されるが、課税所得の計算上、永久に損金または益金に算入されないものを、（　ク　）差異といい、税効果会計の対象とならない。　　★★★

ア	イ	ウ	エ	オ
資　産	負　債	将来減算一時差異	将来加算一時差異	前　払

カ	キ	ク		
未　払	調整額	永　久		

▶ 解　説

(1)　税効果会計では、税務上の損金・益金と会計上の費用・収益とのズレを中心に把握した方がイメージしやすいですが、現行の会計基準では、その他有価証券評価差額金などもう少し対象が広くなるように、税務上の資産・負債と会計上の資産・負債とのズレにもとづいて差異を把握する『資産負債法』の考え方が採用されています。

(3)　税効果会計における「回収」とは、収入ではなく**将来の税金の支出額の減少**をいいます。将来の税金の支払いが軽くなるということが、一種の「財産」だと考え、繰延税金資産を計上します。なお、「支払」とは、将来の税金費用の支出額の増加をいいます。

　　(借)繰 延 税 金 資 産　　　××　　(貸)法 人 税 等 調 整 額　　　××

(6)　計上した交際費、寄附金、受取配当金などのうち永久に損金または益金に算入されないものは、将来の課税所得を減額または増額する効果がないため一時差異に該当せず、税効果会計の対象となりません。

10 税効果会計、法人税等 ②

次の各文章の空欄に適切な語句を記入しなさい。

(1) 税効果会計の方法には、繰延法と（　ア　）とがある。繰延税金資産や繰延税金負債の金額を、回収または支払が見込まれる期の税率にもとづいて計算するのは、後者の方法によるものである。　　　　　　　★★★

(2) 繰延税金資産は、将来減算一時差異が解消されるときに課税所得を減少させ、（　イ　）負担額を軽減することができると認められる範囲内で計上する。　　　　　　　★★

(3) 一時差異等に係る税金の額は、将来の会計期間において（　ウ　）または（　エ　）が見込まれない税金の額を除き、繰延税金資産または繰延税金負債として計上しなければならない。　　　　　　　★★

(4) 繰延税金資産については、将来の（　オ　）の見込みについて毎期見直しを行わなければならない。　　　　　　　★★

(5) 繰延税金資産または繰延税金負債の金額は、（　カ　）または（　キ　）が行われると見込まれる期の税率に基づいて計算するものとする。　　★★

(6) 繰延税金資産は（　ク　）※の区分に表示し、繰延税金負債は（　ケ　）の区分に表示する。　　　　　　　★★★
　　　※8文字で解答すること。

(7) 同一納税主体の繰延税金資産と繰延税金負債は、双方を（　コ　）して表示する。異なる納税主体の繰延税金資産と繰延税金負債は、双方を（　コ　）せずに表示する。　　　　　　　★★★

ア	イ	ウ	エ	オ
資産負債法	税 金	回 収	支 払	回 収
カ	キ	ク	ケ	コ
回 収	支 払	投資その他の資産	固定負債	相 殺

▶ 解 説

(1) 当期の税務上の利益と会計上の利益のズレの調整よりも、**将来支払う法人税等の金額の負担が軽くなるのか、重くなるのか**ということに重点を置いています。そのため、一時差異の解消時に見込まれる税率を用います。

(2) 仮に将来の法人税等を減らす効果がある将来減算一時差異があったとしても、減らす税金が無ければ意味がなく、それは「資産の価値がない」ことを意味します。こういった将来の税金を減らす効果がない部分については、繰延税金資産を計上することはできません。

(3) 「支払が見込まれない場合」とは、事業休止等により会社が清算するまでに明らかに将来加算一時差異を上回る損失が発生し、課税所得が発生しない（税金の支払が発生しない）ことが合理的に見込まれる場合などに限られています（1級では問われません）。

(7) 連結財務諸表を作成する場合、例えば、親会社内の繰延税金資産と繰延税金負債は相殺しますが、親会社の繰延税金資産と子会社の繰延税金負債を相殺することはできません。

次の各文章の空欄に適切な語句を記入しなさい。

(1)　税効果会計を適用した場合には、財務諸表及び連結財務諸表について、次の事項を注記しなければならない。

　①　繰延税金資産及び繰延税金負債の発生原因別の主な（　ア　）

　②　税引前当期純利益または税金等調整前当期純利益に対する法人税等（法人税等調整額を含む。）の比率と、（　イ　）税率との間に重要な差異があるときは、当該差異の原因となった主要な項目別の内訳

　③　税率の変更により繰延税金資産及び繰延税金負債の金額が修正されたときは、その旨及び修正額

　④　決算日後に税率の変更があった場合には、その内容及びその影響 ★

(2)　繰延税金資産の（　ウ　）性がある場合とは、将来減算一時差異または税務上の繰越欠損金等が、将来の税金負担額を軽減する効果を有していると見込まれる場合をいう。 ★

━▶ 解　答

ア	イ	ウ
内　訳	法定実効	回収可能

➤ 解　説

①　発生原因別内訳の注記例

　（例）　繰延税金資産のうち回収可能性が無いと判断し、繰延税金資産から控除した額は 2,100 円である。

（繰延税金資産）

			貸借対照表	
減 価 償 却 費	1,500			
退 職 給 付 引 当 金	6,600	繰延税金資産	5,100	
繰延税金資産小計	8,100			
評価性引当額 [01]	△ 2,100			
繰延税金資産合計	6,000			

（繰延税金負債）

その他有価証券評価差額金	900
繰延税金負債合計	900
繰延税金資産の純額	5,100

01) スペース上の関係から「評価性引当額」としていますが、厳密には「将来減算
一時差異等の合計に係る評価性引当額」です。

評価性引当額は、一時差異として発生したが回収可能性がないと見込ま
れ、繰延税金資産を計上しなかった金額です。

② 税率差異の注記

税引前当期純利益と法人税等調整額考慮後の税金費用から、実際の税率
（法人税等の負担率）を計算し、法定実効税率との差異の原因を注記します。
永久差異などが無ければ、実際の税率と法定実効税率は一致しますが、永
久差異などがあった場合には、その分ズレます。

（例）　商品評価損200円を計上したが、損金不算入となった。
交際費100円を計上したが、損金不算入となった（永久差異）。
法定実効税率は30％、税引前当期純利益は1,000円である。

税率差異の注記　　　　　　　　　　　損 益 計 算 書

法定実効税率	30％	税引前当期純利益		1,000
（調整）		法人税,住民税及び事業税	390 [01]	
交際費等損金不算入項目	3％ [03]	法人税等調整額	△ 60 [02]	330
法人税等の負担率	33％ ◄	当期純利益		670

01) （1,000 円 + 200 円 + 100 円）× 30％ = 390 円

02) 200 円（評価損）× 30％ = 60 円

03) 100 円（交際費）× 30％ = 30 円　　$\dfrac{30\ 円}{1,000\ 円}$ = 3 ％

10 税効果会計、法人税等 ④

次の各文章について、正しければ○を、誤っていれば×を付けなさい。

(1) その他有価証券の時価評価差額のように、当期純利益の算定に含まれない期間差異についても税効果会計を適用しなければならない。 ★★

(2) 繰延税金資産または繰延税金負債の金額は、当期の税率に基づいて計算しなければならない。 ★★★

(3) 法人税等の税率に変更があったとしても、過年度に計上された繰延税金資産または繰延税金負債を新たな税率に基づき再計算しない。 ★★

(4) 繰延税金資産については無形固定資産として、繰延税金負債については固定負債として表示しなければならない。 ★★★

(5) 事業税、法人税、法人住民税及び消費税は、税効果会計の対象となる税金である。 ★★

(1)	(2)	(3)	(4)	(5)
×	×	×	×	×

▶ 解 説

(1) その他有価証券の時価評価差額は一時差異に該当します。

　　基準では、会計上の資産または負債の金額と税務上の資産または負債の金額との間の差異である**一時差異**を**税効果会計の対象**としています。

　　期間差異とは会計上の収益または費用の金額と税務上の収益（益金）または費用（損金）との間の差異をいいます。

　　期間差異では、その他有価証券評価差額金のように収益・費用を計上せずに直接、純資産に計上された項目の差異を把握できないという欠点があります。

(2) **回収または支払いが行われると見込まれる期の税率**に基づいて計算します。

(3) 過年度に計上された繰延税金資産または繰延税金負債を**新たな税率**に基づき再計算します。

(4) 繰延税金資産は、**投資その他の資産**の区分に表示しなければなりません。

(5) 税効果会計の対象となる税金は「法人税等」であり、これに**消費税は含まれません**。

次の各文章について、正しければ○を、誤っていれば×を付けなさい。

⑴　法人税等の税率の変更により繰延税金資産及び繰延税金負債の金額を修正した場合には、その他有価証券評価差額金など純資産の部に直接計上されたものを除き、修正差額を法人税等に加減して処理する。　★★

⑵　異なる納税主体に係る繰延税金資産と負債は相殺しない。　★★

⑶　将来減算一時差異は、例えば、貸倒引当金・退職給付引当金等の引当金の損金算入限度超過額、減価償却費の損金算入限度超過額、損金に算入されない棚卸資産等に係る評価損等がある場合のほか、連結会社相互間の取引から生ずる未実現利益を消去した場合に生ずる。　★★

⑷　連結財務諸表固有の一時差異は、①子会社の資産及び負債の時価評価により評価差額が生じた場合、②未実現損益を消去した場合、及び③連結会社相互間の債権と債務の相殺消去により貸倒引当金を減額修正した場合などに生じる。　★★

⑸　繰延税金資産の回収可能性の判断は、法人税等調整額の存在、タックス・プランニングの存在、及び将来加算一時差異の十分性による。　★

━━▶ 解　答

(1)	(2)	(3)	(4)	(5)
×	○	○	○	×

➤　解　説

⑴　修正差額を**法人税等調整額**に**加減**して処理します。なお、純資産の部に直接計上されたものについては、修正差額を純資産に計上された科目に**加減**して処理します。

基準上は差額を加減とありますが、計算問題を解くときは前期分を戻し入れて、期末分を変更後の税率で計上します。

★★

> **例題** 前期末に、商品評価損1,000円に対し繰延税金資産300円を計上している。
> 法定実効税率は、前期は30％、当期は32％とする。商品は当期も保有している。
>
> ① 前期の戻入れ
>
> （借）法 人 税 等 調 整 額　　　300　（貸）繰 延 税 金 資 産　　　300
>
> ② 当期の計上
>
> （借）繰 延 税 金 資 産　　320 ⁰¹⁾（貸）法 人 税 等 調 整 額　　320
>
> 　　01）1,000円× 32％ ＝ 320円
>
> その他有価証券について評価差益1,000円が前期、当期に生じていた場合
>
> ① 前期の戻入れ
>
> （借）繰 延 税 金 負 債　　　300　（貸）そ の 他 有 価 証 券　　1,000
> 　　　その他有価証券評価差額金　　700
>
> ② 当期の計上
>
> （借）そ の 他 有 価 証 券　　1,000　（貸）繰 延 税 金 負 債　　　320
> 　　　　　　　　　　　　　　　　　　その他有価証券評価差額金　　680

(5) 繰延税金資産の回収可能性の判断は、①収益力に基づく**課税所得**の十分性、②**タックス・プランニング**の存在、③**将来加算一時差異**の十分性の各要件のいずれかを満たしているかどうかにより判断します。

① 繰延税金資産は、将来の税金の減額効果（キャッシュアウトの減少）に対して資産計上します。つまり、将来の利益（課税所得）が十分に見込めるか否かが判断基準となります。

② タックス・プランニングの存在とは、含み益のあるその他有価証券などの売却に伴う売却益により課税所得が発生する計画があり、実現の可能性があることをいいます。

③ 将来加算一時差異の解消（課税所得の加算）が見込まれる期に将来減算一時差異が解消（課税所得の減算）すれば、両者の相殺による税金の減額効果が生じます。

次の各文章について、正しければ○を、誤っていれば×を付けなさい。

(1) 固定資産の圧縮記帳には直接減額方式と積立金方式がある。積立金方式の場合、圧縮積立金の積立額が損金に算入されるため将来減算一時差異が発生する。 ★★★

(2) 同一納税主体の繰延税金資産と繰延税金負債は、総額主義の原則に基づき、双方を相殺せずに表示する。 ★★

(3) 「法人税、住民税及び事業税等に関する会計基準」によれば、事業税（所得割）は、法人税、地方法人税及び住民税とともに、損益計算書の税引前当期純利益（または損失）の次に、「法人税、住民税及び事業税」などその内容を示す科目をもって表示する。 ★★

(4) 「法人税、住民税及び事業税等に関する会計基準」によれば、事業税（付加価値割及び資本割）は、原則として、損益計算書の営業外費用として表示する。 ★

▶ 解 答

(1)	(2)	(3)	(4)
×	×	○	×

▶ 解 説

(1) 積立金方式の場合、圧縮積立金の積立時に積立額が損金に算入され、取崩時に取崩額が益金に算入され課税所得が増加するため、**将来加算一時差異**となります。

積立時

(借) 繰越利益剰余金　　×××　　(貸) 圧 縮 積 立 金　　×××
　　➡損金算入 (減算)

取崩時

(借) 圧 縮 積 立 金　　　×　　(貸) 繰越利益剰余金　　　×
　　　　　　　　　　　　　　　➡益金算入 (加算)

(2) 同一納税主体の繰延税金資産と繰延税金負債は、双方を**相殺して**表示します。

(3) 法人税、住民税及び事業税 (所得割) は、損益計算書の税引前当期純利益の次に、法人税、住民税及び事業税などその内容を示す科目をもって表示します。

(4) **事業税 (付加価値割及び資本割)** は企業の活動価値を表すものと考えられ原則として、損益計算書の販売費及び一般管理費の区分に**租税公課**として表示します。

　　所得割とは、企業の儲けである課税所得に対する税金をいいます。付加価値割とは、企業が生み出した価値に対する税金をいいます。資本割とは、期末の資本金等に対する税金をいいます。

次の各文章について、正しければ○を、誤っていれば×を付けなさい。

(1) 繰延税金資産または繰延税金負債の金額は、当期の税率ではなく回収または支払が行われると見込まれる期の税率に基づいて計算しなければならない。 ★★★

(2) 一時差異とは、貸借対照表に計上されている資産及び負債の金額と、課税所得計算上の資産及び負債の金額との差額をいい、将来の課税所得と相殺可能な繰越欠損金については、一時差異と同様に取り扱う。 ★

(1)	(2)
◯	◯

➤ 解 説

(2)　欠損金とは、課税所得の計算上、損金の額が益金の額を超えた場合の金額をいいます。

　　欠損金は、法人税法上、一定期間にわたり繰り越すことができ、課税所得が生じた年度に、過去から繰り越してきた欠損金と相殺することで課税所得を減額し、税額を減額できます。このように**将来の課税所得と相殺可能な繰越欠損金**については、**一時差異と同様**に取り扱います。

> 例題 ①　×1年度に税務上10,000円の欠損金（課税所得のマイナス）が発生した。×2年度以降は十分な課税所得が生じ、10,000円の全額を相殺できる見込みである。繰越欠損金について税効果会計を適用する。法定実効税率は30%とする。
>
> ②　×2年度に課税所得が発生したため、繰延税金資産のうち1,200円を取り崩した。

①　×1年度末

　（借）繰 延 税 金 資 産　　　3,000 01)（貸）法人税等調整額　　　3,000

　　01) 10,000円 × 30% = 3,000円

　　仮に繰越期間内で合計6,000円の課税所得しか見込めない場合、繰延税金資産1,800円を計上します。

②　×2年度末

　（借）法人税等調整額　　　1,200　　（貸）繰 延 税 金 資 産　　　1,200

次の各文章の空欄に適切な語句を記入しなさい。

(1) 貸借対照表は、資産の部、負債の部及び純資産の部に区分し、純資産の部は、（　ア　）と（　ア　）以外の各項目に区分する。　　★★★

(2) 株主資本は、資本金、資本剰余金及び（　イ　）に区分する。　　★★★

(3) 個別貸借対照表上、資本剰余金及び利益剰余金は、次のとおり区分する。
　① 資本剰余金は、資本準備金及び（　ウ　）に区分する。

　② 利益剰余金は、利益準備金及びその他利益剰余金に区分し、その他利益剰余金のうち、任意積立金など、株主総会または取締役会の決議に基づき設定される積立金については、その内容を示す科目をもって表示し、積立金以外については（　エ　）にて表示する。　　★★

(4) 株主資本以外の各項目は、次の区分とする。
　① 個別貸借対照表上、（　オ　）、株式引受権及び新株予約権に区分する。

　② 連結貸借対照表上、その他の包括利益累計額、株式引受権、新株予約権及び（　カ　）に区分する。　　★★★

(5) その他の包括利益累計額（評価・換算差額等）には、その他有価証券評価差額金や繰延ヘッジ損益、（　キ　）勘定、退職給付に係る調整累計額等が含まれる。　　★★★

ア	イ	ウ	エ	オ
株主資本	利益剰余金	その他資本剰余金	繰越利益剰余金	評価・換算差額等

カ	キ
非支配株主持分	為替換算調整

解 説

(3) 積立金には、任意積立金、別途積立金、税法上の積立金があります。

  任意積立金：特定の目的のために積み立てるもの

  　　　　　　　（例：新築積立金、配当平均積立金など）

  別途積立金：特定の目的がなく積み立てるもの

  税法上の積立金：法人税法上の特例を利用するために積み立てるもの

  　　　　　　　（例：圧縮積立金など）

(4) 「評価・換算差額等」について、「・」を入れるのを忘れないようにしましょう。過去の本試験で出題されています。

  なお、株式引受権については「25　その他⑧」をご覧ください。

昔は、株主から調達した資金の額、事業活動により獲得した利益の累積額しか記載していなかったため「資本の部」でした。今は、まだ実現していない資産、負債の含み益（損）なども記載し、「資本」という名称がふさわしくなくなり、「純資産の部」に名称を変更しました。

次の各文章の空欄に適切な語句を記入しなさい。

(1) 取得した自己株式は、（　ア　）をもって純資産の部の（　イ　）から
控除する。　　　　　　　　　　　　　　　　　　　　　　　　　★★★

(2) 自己株式処分差益は、（　ウ　）に計上する。
自己株式処分差損は、（　エ　）から減額する。　　　　　　　★★★

(3) 自己株式を消却した場合には、消却手続が完了したときに、消却の対象
となった自己株式の帳簿価額を（　オ　）から減額する。　　　★★★

(4) 自己株式の取得、処分及び消却に関する付随費用は、損益計算書の
（　カ　）費用に計上する。　　　　　　　　　　　　　　　　★★★

(5) 自己株式の処分及び消却の会計処理の結果、その他資本剰余金の残高が
負の値となった場合には、（　キ　）末において、その他資本剰余金をゼ
ロとし、負の値をその他利益剰余金（繰越利益剰余金）から減額する。

　　　　　　　　　　　　　　　　　　　　　　　　　　　　　　★★

ア	イ	ウ	エ	オ
取得原価	株主資本	その他資本剰余金	その他資本剰余金	その他資本剰余金

カ	キ			
営業外	会計期間			

➤ **解 説**

(1)　自己株式は会社がすでに発行した株式を株主から買ったものであり、**資本の払戻しと考えるため、株主資本から控除**します。

(2)　自己株式の処分は、会社が取得した自社の株式を新たに株主となるものに交付する行為であり、**新株の発行と経済的実態は同じ**です。

　　そのため、自己株式処分差額は、資本取引の結果生じた剰余金として資本剰余金として処理すべきです。ここで、資本準備金として計上する項目は会社法で限定されています。したがって、その他資本剰余金として処理します。

(4)　自己株式の取得に係る付随費用は株主との間の資本取引ではなく、資本の払戻しに係る**財務費用**として損益取引と考えるため、営業外費用に計上します。

言葉の説明

　「消却」とは、「消滅させること」をいいます。

　一方、「償却」とは、「費用として処理すること」をいいます。

　「負の値」とは、「マイナス」のことです。

次の各文章の空欄に適切な語句を記入しなさい。

(1) 貸借対照表の純資産の部の一会計期間における変動額のうち、主として、株主資本の各項目の変動事由を報告するために作成する財務諸表を、（　ア　）計算書という。　　　　　　　　　　★★

(2) 株主資本等変動計算書において、株主資本の各項目の当期変動額は、（　イ　）事由ごとにその金額を表示する。　　　　　　　　　★★

(3) 株主資本等変動計算書において、株主資本以外の各項目の当期変動額は、（　ウ　）で表示する。ただし、主な変動事由ごとにその金額を表示することができる。　　　　　　　　　　　　　　　　　　　　　★★

(4) 個別損益計算書の当期純利益は、個別株主資本等変動計算書において（　エ　）の変動事由として表示する。　　　　　　　　　　　★★

(5) 連結損益計算書の親会社株主に帰属する当期純利益は、連結株主資本等変動計算書において（　オ　）の変動事由として表示する。　★★

ア	イ	ウ	エ	オ
株主資本等変動	変　動	純　額	繰越利益剰余金	利益剰余金

➤ 解　説

(1)(2)　株主資本：変動事由ごとに金額を表示

　　　　株主資本以外：(原則) 当期末残高と当期首残高との純額（差額）で表示
　　　　　　　　　　　(容認) 変動事由ごとに金額を表示

　　財務諸表利用者にとって特に重要な情報は投資の成果を表す利益（当期純利益）の情報であり、評価・換算差額等といったその他の包括利益などは当期純利益を超える有用性が確認されていないため、表示方法に差を設けています。

(4)(5)　株主資本等変動計算書の科目は貸借対照表の純資産の科目にそろえます。

　　連結貸借対照表では企業グループの財政状態を全体として把握することが目的であるため、科目の集約が行われており、連結株主資本等変動計算書も同様となります。

株主資本等変動計算書

	繰越利益剰余金
当期首残高	10,000
当期純利益	5,000
…	…
当期末残高	15,000

連結株主資本等変動計算書

	利 益 剰 余 金
当期首残高	12,000
親会社株主に帰属する当期純利益	8,000
…	…
当期末残高	20,000

次の各文章の空欄に適切な語句を記入しなさい。

(1) ストック・オプションを付与し、これに応じて企業が従業員等から取得するサービスは、その取得に応じて（　ア　）として計上し、対応する金額を、ストック・オプションの権利の行使または失効が確定するまでの間、貸借対照表の純資産の部に（　イ　）として計上する。　　★★★

(2) ストック・オプションの公正な評価額は、公正な評価（　ウ　）にストック・オプション数を乗じて算定する。　　★

(3) ストック・オプションが権利行使され、これに対して新株を発行した場合には、新株予約権として計上した額のうち、権利行使に対応する部分を（　エ　）に振り替える。　　★★

(4) 権利不行使による失効が生じた場合には、新株予約権として計上した額のうち、失効に対応する部分を（　オ　）として計上する。　　★★★

解 答

ア	イ	ウ	エ	オ
費 用	新株予約権	単 価	払込資本	利 益

解 説

(1) ストック（stock）には、資本や商品などを貯えておくという意味があり、商品の場合「在庫」を意味し、資本の場合「株式」を意味します。オプション（option）には、選択、権利といった意味があります。

　　ストック・オプションは、会社の株式を決められた価格で取得する権利であり、「株式の購入の予約」のようなイメージです。

　　従業員等が企業に対して労働サービスを提供し、企業は対価としてストック・オプションを付与します。企業は提供された労働サービスを消費しているため、費用（株式報酬費用）として計上します。

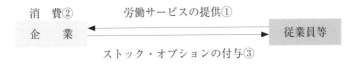

（借）株 式 報 酬 費 用　　××　　（貸）新 株 予 約 権　　　××

(4) 新株予約権が失効した場合には、株主との直接的な取引とならず、会社は株式を時価未満の価格で引き渡す義務を逃れ、提供されたサービスをタダで消費したと考え、利益として計上します。

　　なお、会計基準上は「利益」となっていますが、処理上は「新株予約権戻入益」（特別利益）などの科目を使います。

言葉の説明

　「払込資本」は株式と引き換えに株主が会社に支払った金銭や現物であり、会計処理上は、資本金、資本準備金（企業結合ではその他資本剰余金を含む）を表します。

次の各文章の空欄に適切な語句を記入しなさい。

(1) 転換社債型新株予約権付社債の発行に伴う払込金額は、社債の対価部分と（　ア　）の対価部分とに区分せず、普通社債の発行に準じて処理する方法、または転換社債型新株予約権付社債以外の新株予約権付社債に準じて処理する方法のいずれかにより会計処理する。　　　　　　　　　★★

(2) 転換社債型新株予約権付社債以外の新株予約権付社債の発行に伴う払込金額は、社債の対価部分と新株予約権の対価部分とに区分する。

　① 社債の対価部分は、普通社債の発行に準じて処理する。

　② 新株予約権の対価部分は、（　イ　）の部に計上し、権利が行使され、新株を発行したときは資本金または（　ウ　）及び（　エ　）に振り替える。　　　　　　　　　★★

ア	イ	ウ	エ
新株予約権	純資産	資本金	資本準備金

▶ 解 説

(1)(2)新株予約権付社債の会計処理を整理すると次のようになります。

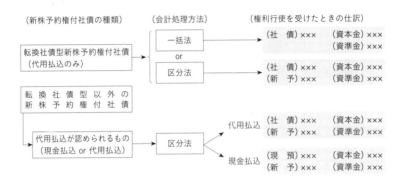

（新株予約権付社債の種類）　（会計処理方法）　（権利行使を受けたときの仕訳）

転換社債型新株予約権付社債
（代用払込のみ）

一括法
or
区分法

(社　債)×××　(資本金)×××
　　　　　　　(資準金)×××

(社　債)×××　(資本金)×××
(新　予)×××　(資準金)×××

転換社債型以外の
新株予約権付社債

代用払込が認められるもの
（現金払込 or 代用払込）

区分法

代用払込

現金払込

(社　債)×××　(資本金)×××
(新　予)×××　(資準金)×××

(現　預)×××　(資本金)×××
(新　予)×××　(資準金)×××

言葉の説明

　会計処理における「準じて」とは、同様の取扱いをすることをいいます。

次の各文章について、正しければ○を、誤っていれば×を付けなさい。

⑴ 取得した自己株式は、取得原価をもって、資産の部に計上する。　★★★

⑵ 自己株式の取得に関する付随費用は、自己株式の取得原価に算入する。
　★★★

⑶ 自己株式の処分及び消却に関する付随費用は、損益計算書の販売費及び
一般管理費に計上する。　★★★

⑷ 自己株式処分差益は資本準備金に計上し、自己株式処分差損はその他利
益剰余金から減額する。　★★★

⑸ 自己株式を消却した場合には、消却手続が完了したときに、消却の対象
となった自己株式の帳簿価額をその他利益剰余金から減額する。　★★★

⑹ 自己株式処分差益は資本剰余金であるから、配当することはできない。
　★★★

⑺ 自己株式の処分や消却の会計処理をした結果、その他資本剰余金が負の
残高になったときには、その都度、その他利益剰余金（繰越利益剰余金）
から補てんする。　★★

▄▄・解 答

(1)	(2)	(3)	(4)	(5)
×	×	×	×	×

(6)	(7)
×	×

➤ 解 説

(1) 自己株式は、取得原価をもって純資産の部の**株主資本から控除**します。

(2)(3)自己株式の取得、処分及び消却に関する付随費用は、損益計算書の**営業外費用**に計上します。

(4)(6)自己株式処分差益は**その他資本剰余金**に計上します。そして、その他資本剰余金は**配当する**ことができます。

　　自己株式処分差損はその他資本剰余金から減額します。

(5) 自己株式を消却した場合には、消却手続が完了したときに、消却の対象となった自己株式の帳簿価額を**その他資本剰余金**から減額します。

(7) その他利益剰余金によるその他資本剰余金の補てんは、その都度ではなく、**会計期間末**において行います。

言葉の説明

　「補てん」とは、足りない部分を補うことをいいます。

次の各文章について、正しければ○を、誤っていれば×を付けなさい。

⑴ 株主資本等変動計算書において、株主資本の各項目の当期変動額は、純額で表示する。 ★★

⑵ 株主資本等変動計算書において、株主資本以外の各項目の当期変動額は、変動事由ごとにその金額を表示しなければならない。 ★★

⑶ 株主資本等変動計算書において、剰余金の配当は必ず繰越利益剰余金の変動事由として記載しなければならない。 ★★

⑷ ストック・オプションを付与し、これに応じて企業が従業員等から取得するサービスは、費用として計上し、対応する金額を、ストック・オプションの権利の行使または失効が確定するまでの間、貸借対照表の純資産の株主資本の区分に計上する。 ★★★

⑸ ストック・オプションが権利行使され、これに対して新株を発行した場合には、新株予約権として計上した額のうち、権利行使に対応する部分を利益に振り替える。 ★★★

⑹ 権利不行使による新株予約権の失効が生じた場合には、新株予約権として計上した額のうち、失効に対応する部分をその他資本剰余金として計上する。 ★★★

(1)	(2)	(3)	(4)	(5)
×	×	×	×	×

(6)
×

➤ 解 説

(1) 株主資本の当期変動額は**変動事由ごと**にその金額を表示します。

(2) 株主資本以外の各項目の当期変動額は**純額**で表示します。
　　ただし、主な変動事由ごとにその金額を表示することができます。

(3) その他資本剰余金を原資とする剰余金の配当は、**その他資本剰余金**の変
　　動事由として記載します。

(4) 新株予約権は将来的に資本となる可能性がありますが、権利が行使され
　　るまでは新株予約権者はまだ株主ではないため株主資本に計上せず、**新株**
　　予約権として株主資本とは区別して計上します。

(5) ストック・オプションが権利行使され、これに対して新株を発行した場
　　合には、新株予約権として計上した額のうち、権利行使に対応する部分を
　　払込資本に振り替えます。

(6) 新株予約権として計上した額のうち、失効に対応する部分を**利益**として
　　計上します。

次の各文章について、正しければ○を、誤っていれば×を付けなさい。

(1) 新株予約権付社債について区分法によって会計処理する場合、新株予約権が負債に計上される。 ★★

(2) 新株予約権戻入益を計上すると、その分だけ当期末の株主資本が大きくなる。 ★★

(3) 新株予約権は、貸借対照表における純資産の部において時価で計上しなければならない。 ★★

(4) 資本取引と損益取引の区分の原則により、会社法上、その他利益剰余金の額を減少して、資本金の額に振り替えることは認められない。 ★★

■ 解 答

(1)	(2)	(3)	(4)
×	○	×	×

➤ 解 説

(1) 新株予約権付社債について区分法により会計処理する場合、新株予約権は**純資産の部**に計上されます。

(2) 新株予約権戻入益の計上により繰越利益剰余金が増加し、株主資本が大きくなります。

(3) 新株予約権を発行したときは、その発行に伴う**払込金額**を、純資産の部に新株予約権として計上します。

(4) その他利益剰余金を減少して資本金の額に振り替えることは、会社法上、**認められています**。

（参考）　株主資本等変動計算書の必要性

　　近年、純資産の部に直接計上される項目（その他有価証券評価差額金、為替換算調整勘定など）が増えていること、自己株式の取得、処分、消却など資本の変動要因が増加していることから、純資産の変動要因の開示が必要となりました。

　　また、会社法では、株式会社は、株主総会または取締役会の決議により、いつでも剰余金の配当を決定でき、資本の計数の変動の自由度が増したため、貸借対照表と損益計算書だけでは、資本金や剰余金の数値のつながりを把握することが難しくなりました。

　　そのため、株主資本等変動計算書が導入されました。

　　なお、株主資本等変動計算書における「等」とは、評価・換算差額等、新株予約権などの「株主資本以外の項目」をいいます。

（参考）　その他資本剰余金のマイナスを
　　　　　繰越利益剰余金から減額できる理由

　　資本取引・損益取引区分の原則では、資本取引と損益取引を明瞭に区別し、特に資本剰余金と利益剰余金を混同してはならないとしています。

　　しかし、これは資本剰余金と利益剰余金がプラスの値であった場合です。

　　資本剰余金はもともと株主から払込みを受けたものであり、資本がマイナスとなるという概念が存在しません。

　　そのため、資本剰余金（その他資本剰余金）のマイナスの場合、やむを得ず利益剰余金で補てんしています。

次の各文章の空欄に適切な語句を記入しなさい。

(1) 企業会計は、企業の財政状態及び経営成績に関して、（　ア　）な報告を提供するものでなければならない。
　　　　　　　　　　　　　　　　　　　　　　　　　　　　☆

(2) 企業会計は、すべての取引につき、（　イ　）の原則に従って、正確な会計帳簿を作成しなければならない。
　　　　　　　　　　　　　　　　　　　　　　　　　　　　☆☆☆

(3) （　ウ　）と損益取引を明瞭に区別し、特に（　エ　）と利益剰余金とを混同してはならない。
　　　　　　　　　　　　　　　　　　　　　　　　　　　　☆☆☆

(4) 企業会計は、財務諸表によって、利害関係者に対し必要な会計事実を（　オ　）に表示し、企業の状況に関する判断を誤らせないようにしなければならない。
　　　　　　　　　　　　　　　　　　　　　　　　　　　　☆

(5) 企業会計は、その処理の原則及び手続を毎期（　カ　）して適用し、みだりにこれを変更してはならない。
　　　　　　　　　　　　　　　　　　　　　　　　　　　　☆☆

(6) 企業の財政に不利な影響を及ぼす可能性がある場合には、これに備えて適当に健全な（　キ　）をしなければならない。
　　　　　　　　　　　　　　　　　　　　　　　　　　　　☆

(7) 株主総会提出のため、信用目的のため、租税目的のため等種々の目的のために異なる形式の財務諸表を作成する必要がある場合、それらの内容は、信頼しうる（　ク　）に基づいて作成されたものであって、政策の考慮のために事実の真実な表示をゆがめてはならない。　★

(8) 重要性の乏しいものについては、本来の厳密な会計処理によらないで他の簡便な方法によることも（　ケ　）の原則に従った処理として認められる。　★

▶ 解　答

ア	イ	ウ	エ	オ
真　実	正規の簿記	資本取引	資本剰余金	明　瞭

カ	キ	ク	ケ
継　続	会計処理	会計記録	正規の簿記

▶ 解　説

(1) 真実性の原則

(2) 正規の簿記の原則

(3) 資本取引・損益取引区分の原則

(4) 明瞭性の原則

(5) 継続性の原則は、財務諸表の期間比較性の確保、経営者による恣意的な利益操作を排除するために必要です。

(6) 保守主義の原則

(7) 単一性の原則

(8) 重要性の原則

次の各文章の空欄に適切な語句を記入しなさい。

(1) 企業会計の領域は、会計情報を受け取る相手先の違いによって（　ア　）と管理会計とに区分される。

(2) 企業はその出資者から分離した別個の存在であり、それを会計単位とする前提を（　イ　）の公準という。

(3) 企業は解散や清算を予定せずに、永久に事業を営むものとする前提を（　ウ　）の公準という。

(4) 企業はその経済活動を貨幣額によって記録・計算・表示するとする前提を（　エ　）評価の公準という。

(5) 損益計算書は、企業の（　オ　）を明らかにするため、一会計期間に属するすべての収益とこれに対応するすべての費用とを記載して経常利益を表示し、これに特別損益に属する項目を加減して当期純利益を表示しなければならない。

(6) すべての費用及び収益は、その（　カ　）及び（　キ　）に基づいて計上し、その発生した期間に正しく割当てられるように処理しなければならない。

　　ただし、未実現収益は、原則として、当期の損益計算に計上してはならない。

　　前払費用及び前受収益は、これを当期の損益計算から除去し、未払費用及び未収収益は、当期の損益計算に計上しなければならない。

(7) 費用及び収益は、（　ク　）によって記載することを原則とし、費用の
　　項目と収益の項目とを直接に相殺することによってその全部または一部を
　　損益計算書から除去してはならない。　　　　　　　　　　　　　　★★

(8) 費用及び収益は、その発生源泉に従って明瞭に分類し、各収益項目とそ
　　れに関連する費用項目を損益計算書に（　ケ　）表示しなければならない。
　　　　　　　　　　　　　　　　　　　　　　　　　　　　　　　　　★

▶ 解　答

ア	イ	ウ	エ	オ
財務会計	企業実体	継続企業	貨幣的	経営成績
カ	キ	ク	ケ	
支　出	収　入	総　額	対　応	

▶ 解　説

(7) 相殺してしまうと企業の取引規模が分からなくなってしまうため、総額
　　で表示します。

次の各文章の空欄に適切な語句を記入しなさい。

(1) 貸借対照表は、企業の（ ア ）を明らかにするため、貸借対照表日におけるすべての資産、負債及び資本（純資産）を記載し、株主、債権者その他の利害関係者にこれを正しく表示するものでなければならない。

　ただし、（ イ ）の原則に従って処理された場合に生じた簿外資産及び簿外負債は、貸借対照表の記載外におくことができる。 ★★

(2) 資産、負債及び資本（純資産）は、（ ウ ）によって記載することを原則とし、資産の項目と負債または資本の項目とを相殺することによって、その全部または一部を貸借対照表から除去してはならない。 ★★

(3) 貸借対照表に記載する資産の価額は、原則として、当該資産の（ エ ）を基礎として計上しなければならない。 ★

(4) 資産の取得原価は、資産の種類に応じた（ オ ）の原則によって、各事業年度に配分しなければならない。

　有形固定資産は、資産の耐用期間にわたり、定額法、定率法等の一定の減価償却の方法によって、その取得原価を各事業年度に配分しなければならない。 ★★

(5) 有形固定資産については、その取得原価から（ カ ）を控除した価額をもって貸借対照表価額とする。

　有形固定資産の取得原価には、原則として当該資産の引取費用等の（ キ ）を含める。 ★

(6) 流動項目と固定項目の分類基準として、仕入、販売、回収など企業の主目的である営業取引により発生した資産、負債を流動項目とする基準を（　ク　）基準という。

　貸借対照表日の翌日から起算して1年以内に入金または支払期限の到来するものを流動項目、そうでないものを固定項目とする基準を（　ケ　）基準という。　　　　　　　　　　　　　　　　　　　　　　　　★★★

■ 解　答

ア	イ	ウ	エ	オ
財政状態	正規の簿記	総　額	取得原価	費用配分

カ	キ	ク	ケ	
減価償却累計額	付随費用	正常営業循環	一　年	

▶ 解　説

(6) 売掛金は正常営業循環基準により長期のものでも流動資産に表示します。一方、売掛金が破産更生債権等となった場合には企業の営業循環過程（本業への投資から回収までの過程）から外れたと考え、通常、投資その他の資産に表示し、1年以内に回収が見込まれる場合には流動資産に表示します。

次の各文章の空欄に適切な語句を記入しなさい。

(1) 一定の契約に従い、継続して役務の提供を受ける場合、いまだ提供されていない役務に対し支払われた対価を（ ア ）という。 ☆

(2) 一定の契約に従い、継続して役務の提供を行う場合、いまだ提供していない役務に対し支払を受けた対価を（ イ ）という。 ☆

(3) 一定の契約に従い、継続して役務の提供を受ける場合、すでに提供された役務に対していまだその対価の支払が終らないものを（ ウ ）という。

☆

(4) 一定の契約に従い、継続して役務の提供を行う場合、すでに提供した役務に対していまだその対価の支払を受けていないものを（ エ ）という。

☆

(5) 耐用年数を異にする多数の多種資産につき平均耐用年数を用いて一括的に減価償却計算及び記帳を行う方法を（ オ ）という。 ☆☆

(6) 鉄道の枕木や電線等のように、同種の資産が多数集まって1つの全体を構成し、老朽部品の部分的取替を行うことにより、全体が維持される資産に対して適用される、減価償却の代用的な方法を（ カ ）という。

☆☆

(7) 国庫補助金等を受けて資産を取得した場合、その国庫補助金等に相当する額を、取得原価から控除することが認められているが、これを（ キ ）という。 ☆☆☆

■▶ 解 答

ア	イ	ウ	エ	オ
前払費用	前受収益	未払費用	未収収益	総合償却

カ	キ			
取替法	圧縮記帳			

▶ 解 説

(参考) 未払金と未払費用の違い

　未払金は、相手方の役務の提供が完了し、債務が確定したものです。一方、未払費用は相手方の役務の提供が継続しており、債務が確定していないが、適正な期間損益計算のために決算時に計上するものです。

　例えば、広告宣伝の期間が終了し債務が確定した広告宣伝費については未払金として計上し、従業員から継続的に受けている労働の提供に関して債務が確定していない給料については未払費用として計上します。

「役務の提供」とは、「サービスの提供」のことです。

次の各文章の空欄に適切な語句を記入しなさい。

(1) 本店、支店、事業部等の企業内部における独立した会計単位相互間の内部取引から生ずる未実現の利益を（　ア　）という。　　　　　　　　★

(2) 会計単位内部における原材料、半製品等の振替から生ずる損益を（　イ　）という。　　　　　　　　★

(3) 貸借対照表日後に発生した事象で、次期以後の経営成績及び財政状態に影響を及ぼすものを（　ウ　）という。

　　重要な（　ウ　）の例としては、次のようなものがある。

　イ　火災、出水等による重大な損害の発生

　ロ　多額の増資または減資及び多額の社債の発行または繰上償還

　ハ　会社の合併、重要な営業の譲渡または譲受

　ニ　重要な係争事件の発生または解決

　ホ　主要な取引先の倒産　　　　　　　　★★

(4) 企業は少なくとも決算日から1年間事業活動が継続することについて重要な問題がある場合、その内容と、財務諸表が継続企業を前提として作成されていること（ゴーイング・コンサーン）を、「（　エ　）の前提に関する注記」として記載しなければならない。　　　　　　　　★★

ア	イ	ウ	エ
内部利益	振替損益	後発事象	継続企業

➤ **解 説**

(4) 継続企業の公準と継続企業の前提の違い

① 継続企業の公準

　　企業は解散などを予定せずに継続的に事業活動を行うという前提をいい、会計を行う上での基本的な考え方のことです。

　　この事業活動を継続するという前提があるからこそ、例えば固定資産の取得原価は減価償却により各期に費用配分されます。

② 継続企業の前提の注記

　　企業が少なくとも決算日から1年間事業活動が継続することについて重要な問題がある場合、その内容と、財務諸表が継続企業を前提として作成されていることを、財務諸表に「継続企業の前提に関する注記」として記載しなければなりません。

　　これは投資家への注意喚起のために行います。

　　重要な問題の例としては、債務超過や売上高の著しい減少などがあります。

次の各文章の空欄に適切な語句を記入しなさい。

(1)　前払費用のうち長期前払費用は、貸借対照表上、固定資産の部の（　ア　）の区分に記載する。　　　　　　　　　　　　★

(2)　正規の簿記の原則は、記録の網羅性、（　イ　）可能性及び秩序性という記録の3要件を備えた会計帳簿の作成を要求する原則であるが、その他にも、重要性の乏しいものについては、本来の厳密な会計処理によらずに簡便な会計処理によることも認めている。この結果生じるのが、（　ウ　）と（　エ　）である。　　　　　　　　　　　★

(3)　重要な（　オ　）については、会社の財政状態、経営成績及びキャッシュ・フローの状況に関する的確な判断に資するため、その事業年度の財務諸表に注記を行うことが必要となる。　　　　　　　　★★

ア	イ	ウ	エ	オ
投資その他の資産	検　証	簿外資産	簿外負債	後発事象

> **解　説**

(1) 経過勘定項目のうち、前払費用だけは一年基準に従って表示区分を流動・固定分類します。

(2) 正規の簿記の３要件とは、網羅性、検証可能性、秩序性をいいます。[01]

    01）　網羅性とはすべての取引がモレなく記録されること、検証可能性とは証ひょうにもとづいて記録すること、秩序性とは帳簿の体系（仕訳帳、総勘定元帳等）に相互関連性があることをいいます。

(3) 後発事象は、修正後発事象と開示後発事象に分けられます。**修正後発事象**では、発生した実質的な原因が決算日現在において既に存在しているため、**財務諸表の修正**を行います。

  例えば、決算手続き中の４月に得意先が倒産した場合には、修正後発事象として貸倒引当金を追加計上します。

  開示後発事象とは、発生した事象が翌事業年度以降の財務諸表に影響を及ぼす事象をいいます。重要な後発事象については、財務諸表に**注記**を行います。

> 例えば、消耗品 100,000 円を購入し期末に 100 円分残っていたけど、重要性が乏しいため全額費用処理した場合、100 円は実際に残っていても帳簿に記載されない簿外資産になります。

次の各文章の空欄に適切な語句を記入しなさい。

(1) 費用の計上時点を、現金支出の有無にかかわらず、その発生の事実にもとづいて行うことを要求する考え方を（　ア　）の原則という。　★★★

(2) 資産の取得原価を当期の費用と次期以降の資産に配分する原則を（　イ　）の原則という。　★★★

(3) 当期の成果である収益に、収益を獲得するためにかかった費用（期間費用）を対応させることにより期間損益を計算する原則を（　ウ　）の原則という。この原則の目的は、適正な（　エ　）を行うことである。　★★★

(4) 資産を取得に要した支出額で評価する考え方を（　オ　）主義という。　★★★

ア	イ	ウ	エ	オ
発生主義	費用配分	費用収益対応	期間損益計算	取得原価

解 説

(1) 発生の事実に基づいて費用を認識する原則を発生主義の原則といいます。

(2) 資産の取得原価を当期の費用と次期以降の資産に配分する原則を費用配分の原則といいます。商品の場合、売上原価と期末商品に分けられ、有形固定資産の場合、減価償却費と期末帳簿価額に分けられます。

(3) まず発生主義の原則により認識された発生費用のうち、収益に対応するものだけが期間費用として認識され、収益と期間費用の差額で期間損益を計算します。

製造業の場合、材料を消費することで材料費が発生費用として認識され、最終的には売上に対応する製品の売上原価が期間費用として認識されます。なお、商品の売上原価のように、発生費用の認識と同時に期間費用として認識されるものもあります。

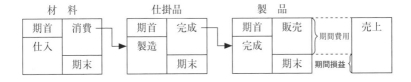

(4) 資産を取得に要した支出額で評価する考え方を取得原価主義（取得原価基準）といいます。近年は、金融商品の評価など一部で時価主義が採用されていますが、基本的には期末に取得原価にもとづいて評価し、損益計算を行います。

次の各文章について、正しければ○を、誤っていれば×を付けなさい。

(1) 簿外資産及び簿外負債は、正規の簿記の原則に従って処理された場合に生じたものであっても、貸借対照表の記載外におくことができない。 ★★

(2) 資本取引と損益取引とを明瞭に区別し、特に資本準備金と利益準備金とを混同してはならない。 ★★★

(3) 重要性の乏しいものについては、本来の厳密な会計処理によらないで他の簡便な方法によることも、正規の簿記の原則に従った処理として認められる。 ★★

(4) 企業会計は、企業の財政状態及び経営成績に関して、真実な報告を提供するものでなければならないとされているが、この真実性は絶対的なものと解されている。 ★

(5) 保守主義の原則によれば、企業会計は、予測される将来の危険に備えて、慎重な判断にもとづく会計処理を行うことができる。 ★

(6) 前受収益は、一定の契約に従い、継続して役務の提供を行う場合、すでに提供した役務に対していまだその対価の支払を受けていないものをいう。 ★

(7) 経過勘定項目である前払費用・未収収益、未払費用・前受収益は、貸借対照表への表示について、すべて一年基準が適用される。 ★★

(1)	(2)	(3)	(4)	(5)
×	×	○	×	×
(6)	(7)			
×	×			

▶ 解 説

(1)　正規の簿記の原則に従って処理された場合に生じた簿外資産及び簿外負債は、貸借対照表の記載外におくことができます。

(2)　資本取引・損益取引区分の原則では、資本取引と損益取引とを明瞭に区別し、特に**資本剰余金と利益剰余金**とを混同してはならないとしています。

(3)　重要性の原則の適用例として、消耗品、消耗工具器具備品その他の貯蔵品等のうち、重要性の乏しいものについて、その買入時または払出時に費用として処理する方法があります。

(4)　真実性の原則における真実性は**相対的**なものといわれています。
　　例えば、減価償却方法について、定額法を採用している場合でも、定率法を採用している場合でも、減価償却費はそれぞれ異なるがそれらはいずれも真実なものと考えます。

(5)　慎重な判断にもとづく会計処理を行うことができるのではなく、**行わなければなりません**。なお、慎重な判断にもとづく会計処理とは、認められている会計処理や継続性の原則に従った上で、収益は遅めに低く計上し、費用は早めに高く計上することをいいます。

(6)　前受収益とは、一定の契約に従い、継続して役務の提供を行う場合、いまだ**提供していない役務に対し支払を受けた対価**をいいます。

(7)　一年基準が適用されるのは**前払費用のみ**であり、未収収益・未払費用・前受収益については適用されません。

次の各文章について、正しければ○を、誤っていれば×を付けなさい。

⑴ 企業会計原則注解によれば、固定資産のうち残存耐用年数が1年以下になったものは流動資産とする。 ☆

⑵ 「企業会計原則」によれば、固定資産の贈与を受けた場合には、受贈した資産の公正な評価額をもって取得原価とする。 ☆

⑶ 「企業会計原則」によれば、償却済の有形固定資産は、除却されるまで残存価額または備忘価額で貸借対照表に記載する。 ☆

⑷ 同種の物品が多数集まって一つの全体を構成し、老朽品の部分的取替を繰り返すことにより全体が維持されるような固定資産については、部分的取替に要する費用を資本的支出として処理できる。 ☆☆

⑸ 建物を自家建設した場合に、その建物の建設に必要な資金を借り入れた利子のうち、稼働前の期間に属するものは、取得原価に算入しなければならない。 ☆☆

⑹ 減価償却累計額を控除する形式は、有形固定資産について減価償却累計額を控除した残額のみを記載し、減価償却累計額を注記する方法を原則とするが、その有形固定資産が属する科目ごとに減価償却累計額を控除する方法、または2以上の科目について減価償却累計額を一括して控除する方法によることもできる。 ☆

⑺ 損益計算書の営業損益計算の区分に記載する売上高については、企業が商品等の販売と役務の給付をともに主たる営業とする場合には、商品等の売上高と役務による営業収益とはこれを区別して記載する。 ☆☆

(1)	(2)	(3)	(4)	(5)
×	○	○	×	×
(6)	(7)			
×	○			

➤ 解 説

(1) 固定資産のうち残存耐用年数が**1年以下**となったものも流動資産とせず固定資産に表示します。

(4) 取替法では部分的取替に要する費用を**収益的支出**として処理します。

(5) 借入資本利子の取得原価算入は**容認であり強制ではありません**。

(6) 減価償却累計額は、**科目別間接控除を原則**としますが、次の方法によることもできます。

① 2以上の科目について、減価償却累計額を一括して記載する方法

② 減価償却累計額を控除した残額のみを記載し、減価償却累計額を注記する方法。なお、貸倒引当金の表示方法も同じです。

(7) 商品等の販売と役務の給付をともに主たる営業（本業）とする場合には、区別して記載します。

```
Ⅰ  売    上    高
   商品売上高           100,000
   役務収益             50,000      150,000
Ⅱ  売   上   原   価
   商品売上原価
     期首商品棚卸高      10,000
     当期商品仕入高      80,000
        合    計        90,000
     期末商品棚卸高      20,000       70,000
   役務原価                          30,000
   売上原価合計                     100,000
     売上総利益                      50,000
```

次の各文章について、正しければ○を、誤っていれば×を付けなさい。

(1) 将来の特定の費用または損失であって、その発生が当期の事象に起因し、かつ、その金額を合理的に見積ることができる場合には、発生の可能性にかかわらず、当期の負担に属する金額を当期の費用または損失として引当金に繰入れるものとする。 ★★

(2) 得意先が銀行から借り入れた借入金について、当社が債務保証を行った場合、得意先が債務不履行となる可能性が低いときは、財務諸表に偶発債務として注記する。 ★

(3) 貸借対照表の資産、負債の項目の配列は、原則として、固定性配列法による。 ★

(4) 振替損益とは、原則として、本店、支店、事業部等の企業内部における独立した会計単位相互間の内部取引から生ずる未実現の損益である。 ★

━ ▸ 解 答

(1)	(2)	(3)	(4)
×	○	×	×

➤ **解 説**

(1) 発生の可能性が低い場合には引当金を計上する**必要はありません。**

引当金は評価性引当金（貸倒引当金）と負債性引当金に分類され、負債性引当金は債務性引当金と非債務性引当金（修繕引当金など）に分類されます。

なお、国際会計基準では、負債性引当金について債務性が要件となっており、企業の判断で支出を回避できる修繕引当金などの非債務性引当金は同基準では引当金として計上できず、会計基準の国際的統合（コンバージェンス）にあたりどうするか議論されています。

(2) 偶発債務とは、債務の保証、係争事件に係る賠償義務その他現実に発生していない債務で、将来において事業の負担となる可能性のあるものをいいます。偶発債務については重要性が乏しいものを除き、その内容及び金額を注記します。

なお、債務保証について、損失が発生する可能性が高く、金額を合理的に見積れる場合、債務保証損失引当金を計上します。

(3) 原則として、**流動性配列法**によります。流動性配列法とは、資産及び負債について流動性の高いものから順に記載する方法です。

ここでの流動性とは現金化しやすいことをいいます。

固定性配列法とは、流動性の低いものから順に記載する方法 [01] です。

01) 電力、ガス事業や学校法人など固定資産の保有状況が重視される場合、固定性配列法が採用されています。例えば、ＮＴＴ東日本も固定性配列法によっています。

(4) 振替損益とは、**会計単位内部における原材料、半製品等の振替から生ずる損益**です。一方、本店、支店、事業部等の企業内部における独立した会計単位相互間の内部取引から生ずる未実現の利益を内部利益といいます。

「企業会計原則」より後に定められた個々の取引に関する会計基準は、「企業会計原則」よりも優先して適用されます。例えば、有価証券の評価の規定は、「企業会計原則」と「金融商品に関する会計基準」にありますが、後者が優先して適用されます。

13 収益認識 ① （基本原則）

次の各文章の空欄に適切な語句を記入しなさい。

(1) 「収益認識に関する会計基準」の基本となる原則は、約束した財または
サービスの顧客への移転を財またはサービスと交換に企業が権利を得ると
見込む（　ア　）の額で描写するように、収益を認識することである。

★★

(2) 「収益認識に関する会計基準」では、次の①から⑤のステップにより収
益を認識する。
① 顧客との契約を識別する。
② 契約における履行義務を識別する。
③ （　イ　）を算定する。
④ 契約における履行義務に（　イ　）を配分する。
⑤ 履行義務を充足した時にまたは充足するにつれて収益を認識する。

★★★

(3) 企業は約束した財またはサービス（以下「資産」と記載。）を顧客に移
転することにより履行義務を充足した時にまたは充足するにつれて、収益
を認識する。
　資産が移転するのは、顧客がその資産に対する（　ウ　）を獲得した時
または獲得するにつれてである。　　　　　　　　　　　　　　★★★

― ▶ 解　答

ア	イ	ウ
対　価	取引価格	支　配

➤ 解　説

(1) 収益認識の基本原則では、相手先から得る対価の額をもとに収益を認識します。

収益認識のイメージ

(借)売　　掛　　金	9,000	(貸)売　　　　　上	9,000

(2) 収益を認識するまでの過程を5つのステップに分解し、このステップに従って収益を認識します。

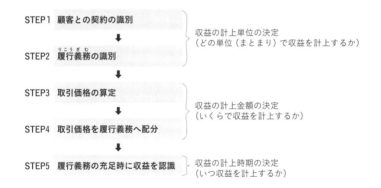

次の各文章の空欄に適切な語句を記入しなさい。

(1)　履行義務が一定の期間にわたり充足されるものではない場合には、（　ア　）で充足される履行義務として、資産に対する支配を顧客に移転することにより履行義務が充足される時に、収益を認識する。　★★★

(2)　一定の期間にわたり充足される履行義務については、履行義務の充足に係る（　イ　）を見積り、その（　イ　）に基づき収益を一定の期間にわたり認識する。　★★★

(3)　履行義務の充足に係る進捗度は、各決算日に見直し、その進捗度の見積りを変更する場合は、会計上の（　ウ　）の変更として処理する。　★

(4)　履行義務の充足に係る（　エ　）を合理的に見積ることができる場合にのみ、一定の期間にわたり充足される履行義務について収益を認識する。　★★

(5)　履行義務の充足に係る進捗度を合理的に見積ることができないが、履行義務を充足する際に発生する費用を回収することが見込まれる場合には、履行義務の充足に係る進捗度を合理的に見積ることができる時まで、（　オ　）基準により処理する。　★★★

ア	イ	ウ	エ	オ
一時点	進捗度	見積り	進捗度	原価回収

➤ 解　説

(1) 履行義務の充足

履行義務の充足	進捗度	収益認識	取引例
一時点で充足	−	履行義務充足時に収益を認識	商品、製品などの販売
一定期間にわたり充足	見積り可	進捗度[01]により収益を認識	工事契約、受注目的のソフトウェア、メンテナンスサービス[02]など
	見積り不可	原価回収基準により収益を認識	

01) 工事契約における進捗度の主な計算方法として原価比例法があります。

02) メンテナンスサービスなどの役務の提供は、経過月数が進捗度の基準となることがあります。

(5) 「履行義務を充足する際に発生する費用を回収することが見込まれる場合」とは、収益（総額）が費用を上回っていることをいいます。

　なお、進捗度を合理的に見積ることができずに原価回収基準を適用した場合でも、その後、進捗度を合理的に見積ることができるようになった場合には、その期から一定期間にわたり収益を認識する方法に変更します。

言葉の説明

「履行義務」とは、商品やサービスなどを提供する義務のことをいいます。

「履行義務の充足」とは、商品やサービスの提供義務を果たすことをいいます。

次の各文章の空欄に適切な語句を記入しなさい。

(1) 履行義務を充足した時にまたは充足するにつれて、取引価格のうち、
（ ア ）に配分した額について収益を認識する。 ★★

(2) 取引価格とは、財またはサービスの顧客への移転と交換に企業が権利を
得ると見込む（ イ ）の額（ただし、第三者のために回収する額を除く。）
をいう。 ★

(3) 取引価格を算定する際には、次の①から④のすべての影響を考慮する。
① （ ウ ）
② 契約における重要な（ エ ）要素
③ 現金以外の対価
④ 顧客に支払われる対価 ★★★

(4) 顧客との契約に重要な金融要素が含まれる場合、取引価格の算定にあ
たっては、約束した対価の額に含まれる金利相当分の影響を調整する。
収益は、約束した財またはサービスが顧客に移転した時点で（または移
転するにつれて）、その財またはサービスに対して顧客が支払うと見込ま
れる（ オ ）販売価格を反映する金額で認識する。 ★

ア	イ	ウ	エ	オ
履行義務	対　価	変動対価	金　融	現　金

➤ **解 説**

(2)　第三者のために回収する取引としては、代理人取引や消費税の受取りなどがあります。

　　当社が取引の代理人にすぎないときは、他社から受け取る手数料の金額（顧客から受け取る額から他社に支払う額を引いた純額）を収益として計上します。

(3)　顧客に支払われる対価の例としては、売上割戻（リベート）があります。なお、売上割戻の金額が変動する場合には変動対価にも該当します。

(4)　顧客との契約から生じる収益（売上）と、金融要素の影響（受取利息または支払利息）を損益計算書において区分して表示します。

　　なお、顧客の支払期間が1年以内の場合には、重要な金融要素の影響について約束した対価の額を調整しない（利息込みで売上計上）ことができます。

次の各文章の空欄に適切な語句を記入しなさい。

(1) 顧客と約束した対価のうち変動する可能性のある部分を（　ア　）という。顧客と約束した対価に変動対価が含まれる場合、財またはサービスの顧客への移転と交換に企業が権利を得ることとなる対価の額を見積る。

★★★

(2) 顧客から受け取ったまたは受け取る対価の一部あるいは全部を顧客に返金すると見込む場合、受け取ったまたは受け取る対価の額のうち、企業が権利を得ると見込まない額について、（　イ　）を認識する。　　★★★

(3) 見積られた変動対価の額については、変動対価の額に関する不確実性が事後的に解消される際に、解消される時点までに計上された収益の著しい減額が発生しない可能性が高い部分に限り、（　ウ　）価格に含める。　★

(4) 変動対価の額の見積りにあたっては、以下のいずれかの方法による。

最 頻 値 法：発生し得ると考えられる対価の額における最も可能性の高い単一の金額による方法

（　エ　）法：発生し得ると考えられる対価の額を確率で加重平均した金額による方法

★

ア	イ	ウ	エ
変動対価	返金負債	取　引	期待値

➤ 解　説

(3) 変動対価のうち、収益の著しい減額が発生する可能性が高い部分については、ステップ3の取引価格に含めません。なお、返金が見込まれる部分については返金負債を計上します。

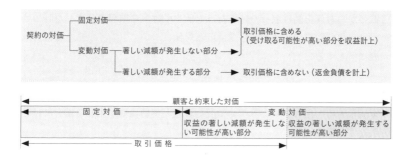

例えば、売上割戻の額が当期は未確定のためいったん総額で売上を計上したけど、次の期に金額が確定し売上が大幅に減額されることがないように、売上割戻の見積額を売上に計上しません。

次の各文章の空欄に適切な語句を記入しなさい。

(1) 顧客から対価を受け取る前または対価を受け取る期限が到来する前に、財またはサービスを顧客に移転した場合は、収益を認識し、（　ア　）または「顧客との契約から生じた債権」を貸借対照表に計上する。　★★★

(2) 財またはサービスを顧客に移転する前に顧客から対価を受け取る場合、顧客から対価を受け取った時または対価を受け取る期限が到来した時のいずれか早い時点で、顧客から受け取る対価について（　イ　）を貸借対照表に計上する。　★★★

(3) 同じ契約の中で契約資産と契約負債が生じる場合には相殺し、（　ウ　）で表示する。なお、異なる契約で契約資産と契約負債が生じる場合には相殺せず総額で表示する。　☆

(4) 「契約資産」と「顧客との契約から生じた債権」のそれぞれについて、貸借対照表に他の資産と区分して表示しない場合には、それぞれの残高を（　エ　）する。　☆

(5) 契約負債を貸借対照表において他の負債と区分して表示しない場合には、契約負債の残高を（　エ　）する。　☆

ア	イ	ウ	エ
契約資産	契約負債	純 額	注 記

➤ 解 説

(1) 「顧客との契約から生じた債権」とは、対価に対する法的な請求権をいい、売掛金や受取手形などがあります。

　　すべての財またはサービスの移転が完了した時に顧客に支払義務が発生する契約の場合、財またはサービスの一部を移転したときは、「契約資産」を計上します。[01]

　　　01)　契約資産は債権に準じて処理するため、貸倒引当金の設定対象となります。

　　　　　顧客に請求前（支払義務確定前）の企業の権利が**契約資産**、請求後の権利が**債権**です。

(4) 契約資産について、実際の貸借対照表では、金額が少額の場合「その他の流動資産」に含めて表示したり、または連結上、「受取手形、売掛金及び契約資産」としてまとめて表示することがあります。

　　その場合、契約資産の残高を注記します。

(5) 契約負債は、対価を受け取ったけど**未履行の義務**をいいます。

　　契約負債について、実際の貸借対照表では、金額が少額の場合「その他の流動負債」に含めて表示することがあります。その場合、契約負債の残高を注記します。

次の各文章について、正しければ○を、誤っていれば×を付けなさい。

⑴ 顧客との契約において、財またはサービスを顧客に移転する企業の義務に対して、企業が顧客から対価を受け取ったもの、または対価を受け取る期限が到来しているものを、契約資産という。 ★★

⑵ 収益の認識における取引価格とは、財またはサービスの顧客への移転と交換に企業が権利を得ると見込む対価の額をいう。この取引価格には消費税が含まれるため、収益は消費税を含んだ額で計上する。 ★★

⑶ 収益認識のステップにおける「契約の識別」では、企業が権利を得る対価を回収する可能性が低い場合でも、いったん対価の全額を収益として計上する。 ★

⑷ 契約における履行義務に取引価格を配分する際には、契約において約束した別個の財またはサービスを原価の比率に基づき、それぞれの履行義務に取引価格を配分する。 ★★★

━ ▶ 解 答

(1)	(2)	(3)	(4)
×	×	×	×

➤ 解 説

⑴ 企業が顧客から対価を受け取ったもの、または対価を受け取る期限が到来しているものを、**契約負債**といいます。

⑵ 企業が権利を得る対価の額には、第三者のために回収する額を含めません。消費税は第三者（国）に支払うために預かったものであるため、取引価格及び収益に含めません。

合格祈願！

すべての方に
合格の春が来ますように！

ネットスクール一同

簿記検定試験合格への5カ条

日本商工会議所

過去10年間（平成16～25年度）の簿記検定1級最優秀合格者のコメント（受験者へのアドバイス）から、合格への5カ条をまとめました。

第1条　毎日継続して学習すること

・短期間に詰め込むのではなくテキストを少し読むだけでもよいので、毎日何らかの形で簿記と関わるように心がける。
・継続は力なり。

第2条　基礎を固めること

・基本的な内容を確実にできることが最も大事なこと。基礎をしっかり固めていれば応用問題が出ても自ずと解法が見えてくる。
・試験問題は基礎的な知識で解けるものが必ず含まれているので、まずはそうした問題を解くことで、落ち着いて応用問題にも取り掛かることができる。

第3条　暗記ではなく理解すること

・やみくもに暗記するのではなく、常に「なぜそのような仕訳をするのか」などの手続きの理由や意味を理解していくことで、効率的に実力をつけることができる。
・問題演習の誤答を単に見直しただけで終わらせず、間違えた理由を考えることが重要。

第4条　まんべんなく学習すること

・試験は、難しい応用問題より基礎的な知識を問う比重が大きい。試験範囲の基本的な部分を網羅的に学習することが合格への近道。
・自分で内容をまとめたレジュメを作成すると、どこを学習したかが分かりやすく、やり残しが少なくなる。復習もより効率的にできる。

第5条　諦めないこと

・空白なら0点だが、何か書けば得点になる可能性がある。難問だからといって諦めてはもったいない。
・試験時間は限られているが、あせらず、できるところから丁寧に解いていくこと。

(3) 契約時において明らかに回収可能性が低いにもかかわらず収益を計上し、後で貸倒損失などを計上することがないように、回収可能性が低い場合には、**契約の識別要件**を満たしません。

(4) 取引価格を**独立販売価格の比率**にもとづき、各履行義務に配分します。独立販売価格とは単独で販売したときの価格をいいます。

（参考） 返品権付き販売の三分法の処理 ★

> **例題** 当期に商品を 7,000 円仕入れ、そのうち 6,000 円を 10,000 円で返品権付きで掛け販売をした。販売額のうち 1,000 円（原価 600 円）について返品による返金を見込んだ。期首商品はなく、期末手許商品は 1,000 円であった。

① 収益計上

（借）売　　掛　　金	10,000	（貸）売　　　　　上	9,000
		返　金　負　債	1,000

② 返品資産の計上

（借）返　品　資　産	600	（貸）仕　　　　　入	600
		売 上 原 価	

返品資産のP／L上の表示については、収益認識基準に規定がありません。P／L上、返品資産を返品資産振替高 600 円とする方法、期末商品棚卸高に含める方法（1,600 円）などが考えられます。なお、当期商品仕入高は 7,000 円となることに注意しましょう。

商　　品			
期首手許　0	売上原価		
			5,400
仕入	返品資産		
7,000			600
	期末手許		
			1,000

（他勘定振替高とする場合）
売　上　原　価		
期首商品棚卸高	0	
当期商品仕入高	7,000	
合　　計	7,000	
返品資産振替高	600	
期末商品棚卸高	1,000	5,400

（参考）　返品権付き販売（返品見積額と実際返品額が異なる場合）　★★ 理解

　返品権付き販売の処理について、弊社刊行「とおるテキスト」に記載が無い返品見積額と実際返品額が異なる場合についてみていきます。

例題 (1) 商品を 5,000 円（原価 3,000 円）で得意先の甲社に掛け販売した。なお、顧客が未使用の商品を 30 日以内に返品する場合、全額、返金に応じる契約となっている。商品の原価率は 60％である。売上原価対立法により記帳する。

　　　これまでの販売実績よりこのうち 1,000 円の返品が見込まれたため、取引価格に含めないものとする。

　　(2) 甲社より売価で 1,200 円（原価 720 円）の返品があり、代金は現金で支払った。

(1)　商品の販売

　返品権付き販売をしたときは、**返品による返金が見込まれる分**について売上計上せず、**返金負債**として認識します。また、顧客から**商品を回収する権利**を**返品資産**として認識します。

①　収益計上

（借）売　　掛　　金　　5,000　（貸）売　　　　　上　　4,000
　　　　　　　　　　　　　　　　　　　　返　金　負　債　　1,000

②　売上原価計上

（借）売　上　原　価　　2,400 [02]（貸）商　　　　　品　　3,000
　　　返　品　資　産　　　600 [01]

　01）　1,000 円 × 60％ ＝ 600 円
　02）　3,000 円 － 600 円 ＝ 2,400 円

140

(2)　商品の返品

　　返品の見積りは会計上の見積りに該当します。そして、**返品見積額と実績額との差額は、売価分について売上勘定で調整し、原価分について売上原価勘定で調整します。**

①　返金

(借) 返　金　負　債　　1,000　(貸) 現　　　　　金　　1,200
　　 売　　　　　上　　　 200[01]

　　01)　1,200 円 − 1,000 円 = 200 円
　　　　 見積額よりも返品が多かったため、売上を減少させます。

②　商品の返品

(借) 商　　　　　品　　　 720　(貸) 返　品　資　産　　　600
　　　　　　　　　　　　　　　　　　 売　上　原　価　　　120[02]

　　02)　720 円 − 600 円 = 120 円
　　　　 見積額よりも返品が多かったため、売上原価を減少させます。

(仮に返品額が 900 円（原価 540 円）であった場合)

①　返金

(借) 返　金　負　債　　1,000　(貸) 現　　　　　金　　　900
　　　　　　　　　　　　　　　　　　 売　　　　　上　　　100[01]

　　01)　1,000 円 − 900 円 = 100 円
　　　　 見積額よりも返品が少なかった（よく売れた）ため、売上を増加させます。

②　商品の返品

(借) 商　　　　　品　　　 540　(貸) 返　品　資　産　　　600
　　 売　上　原　価　　　　60[02]

　　02)　600 円 − 540 円 = 60 円
　　　　 見積額よりも返品が少なかった（よく売れた）ため、売上原価を増加させます。

（参考）　売上割引と仕入割引 理解　　　　　　　　　　　　★★

　弊社刊行「とおるテキスト」に記載が無い売上割引と仕入割引について
みていきます。

1．売上割引

　　商品を掛けで売り上げた場合に、支払期日前の一定期間内に買い手が代
　金を支払ったときは**代金の一部を免除する**という条件を付けることがあり
　ます。これを**売上割引**といいます。

　　売上割引は変動対価に該当すると考えられます。そのため、販売時に売
　上割引の条件を付け、受け取る対価が減額する可能性が高い場合、**減額す
　ると見積もられる額を除いて収益を計上**します。このとき、支払いの免除
　により減額すると見積もられた額について**返金負債**を計上する処理が考え
　られます。

> 例題 A社の仕訳を示しなさい。商品売買は三分法により記帳する。
> 　⑴　A社は、×2年7月1日にB社に商品を10,000円で売り上げ、代
> 　　金は掛けとした。支払期日は×2年8月31日であるが、10日以内
> 　　に代金を支払った場合、代金の5％を割り引くという条件を付けた。
> 　　　A社はこれまでのB社の支払実績をもとに代金の5％分を除いた
> 　　額を収益として計上する。
> 　⑵　×2年7月8日に、販売代金から割引額を引いた額がB社よりA
> 　　社の当座預金口座に振り込まれた。

⑴　販売時

（借）売　　掛　　金　　10,000　（貸）売　　　　　　　上　　9,500 [02]

　　　　　　　　　　　　　　　　　返　金　負　債　　　500 [01]

　　01)　10,000円×5％＝500円　　　02)　10,000円−500円＝9,500円

⑵　代金回収時

　　代金回収時に返金負債を減らします。

（借）当　座　預　金　　9,500　（貸）売　　掛　　金　　10,000

　　　返　金　負　債　　　500

2．仕入割引

　売上割引を買手の立場からみたものが仕入割引です。

　代金の一部を免除してもらったとき買手はその分の利息を受取ったものと考え、**仕入割引勘定（収益）**を用いて、**損益計算書上、営業外収益の区分に表示**します。以下、例題におけるB社の仕訳を示します。

(1)　仕入れ時

（借）仕　　　　　入　　10,000　（貸）買　　掛　　金　　10,000

(2)　代金支払い時

（借）買　　掛　　金　　10,000　（貸）当　座　預　金　　9,500
　　　　　　　　　　　　　　　　　　　仕　入　割　引　　　500

　これまで売手側では売上割引勘定で処理していましたが、収益認識基準の適用により売手側と買手側の処理が非対称となっています。

（参考）　収益の認識基準の進化　

① **実現主義の原則** [01] 「企業会計原則」
　　財またはサービスを提供し、対価を受け取ったときに収益を認識する。

　　⬇

② **投資のリスクから解放したときに収益を認識** 「概念フレームワーク」
　　財やサービスに対する投資について、リスク（キャッシュを得られるかどうかの不確実性）がなくなったときに収益を認識する。

　　⬇

③ **履行義務の充足により収益を認識** 「収益認識に関する会計基準」
　　財またはサービスに対する支配の移転による履行義務の充足により [02]、得られる（可能性が高い）対価をもとに [02] 収益を認識する。

　収益の認識基準は、取引の経済的実態をより忠実に財務諸表に反映させるように進化したと考えられます。

　01)　上場企業等は「収益認識に関する会計基準」を適用しなければなりませんが、中小企業など上場企業等以外の企業は、「企業会計原則」の実現主義の原則を適用することができます。

　02)　会計において、いつ計上するか（帰属時期の決定）を「**認識**」といい、いくらで計上するか（金額の決定）を「**測定**」といいます。

（参考）　契約の変更の処理 理解　　　　☆

1．契約の変更とは

　　収益認識基準では、契約の変更を「契約の**範囲の変更**または契約の**価格の変更**（あるいはその両方）」としています。

　　商品を販売する契約において、商品の一部を引渡し、残りの商品が未引渡しの場合に、契約を変更して、契約価格を変更する場合や、商品を追加で販売することがあります。

　　なお、会計処理には、契約変更を「独立した契約とする」考え方と、「独立した契約としない」考え方があります。

2．契約の変更の処理

　　具体例を挙げてみていきます。

例題 当社の決算日は 3 月 31 日である。販売は掛けにより、商品の引渡しの都度、相手に支払義務が生じる契約である。

　　当社は 2 月 1 日に、得意先甲社に A 商品 10 個を 1 個当たり 100 円で販売する契約を締結した。A 商品の独立販売価格も @ 100 円である。

(1)　2 月 20 日に A 商品のうち 6 個を甲社に引き渡した。

ケース 1 ....

(2)　3 月 1 日に、甲社に追加で B 商品 10 個を 1 個当たり 90 円で販売する契約を締結した。B 商品の独立販売価格は @ 100 円であり、**差額 10 円は追加購入による値引き分**であり、**独立販売価格に適切な調整を加えた額と認められる**。

(3)　4 月 1 日に A 商品のうち残り 4 個を甲社に引き渡した。

(4)　5 月 1 日に B 商品 10 個を甲社に引き渡した。

契約の変更があった場合、次の要件をいずれも満たすときは、**追加された商品の販売を、独立した契約として処理**します。

要件

① 別個の財またはサービスの追加により、契約の範囲が拡大されること

⇒**B商品の販売が追加され、契約の範囲が拡大**

② 変更される契約の価格が、追加的に約束した財またはサービスに対する独立販売価格に特定の契約の状況に基づく適切な調整[01]を加えた金額分だけ増額されること

⇒追加されたB商品の**独立販売価格**（@ 100 円）**に値引き**（@ 10 円）**などを調整した額**（90 円）**だけ増額**（900 円の増加）

01) 既存の顧客への追加販売による値引きであれば、新規顧客に販売する際に生じる販売関連費用を負担せずに済むため、適切な調整と考えられます。

ケース1では、上記の要件をいずれも満たすため、追加されたB商品の販売を「独立した契約」として処理します。

⑴ 2月20日 売上計上額：@ 100 円（A商品）× 6 個 = 600 円

⑵ 3月1日 「仕訳なし」

⑶ 4月1日 売上計上額：@ 100 円（A商品）× 4 個 = 400 円

⑷ 5月1日 売上計上額：@ 90 円（B商品）× 10 個 = 900 円

なお、<u>契約変更の処理は、本書の中でも最も難解な箇所であるため、難しいと思われた場合、まずは飛ばして次の章に行きましょう！</u>

例題 (中略)

ケース2 ....

(2) 3月1日に、甲社に追加でB商品10個を1個当たり58円で販売する契約を締結した。B商品の独立販売価格は@100円である。

差額42円は値引きではなくA商品4個の納品が遅れたことによる賠償による減額分であり、独立販売価格に適切な調整を加えた額と認められない。

(3) 4月1日にA商品のうち残り4個を甲社に引き渡した。

(4) 5月1日にB商品10個を甲社に引き渡した。

この場合、B商品の販売価格と独立販売価格の差額はA商品の納品遅延による賠償による減額分であり、**要件②**を満たさないので、B商品の販売は「独立した契約としない場合」と考えます。

そこで、**既存の契約**(A商品の販売)を解約し、すでに引渡したA商品(6個)を除いた、**A商品(4個)とB商品(10個)を980円** [01] で販売する新たな契約を締結したと仮定して処理します。

01) @100円×4個+@58円×10個=980円

(1) 2月20日　売上計上額：@100円（A商品）×6個=600円

(2) 3月1日　「仕訳なし」

(3) 1個当たり販売価格：980円÷（A4個+B10個）=@70円
　　　4月1日　売上計上額：**@70円（A商品）×　4個=280円**

(4) 5月1日　売上計上額：**@70円（B商品）×10個=700円**

例題 (中略)

ケース3 ....

(2) 3月1日に、A商品4個の販売価格を@100円から1個当たり50円で販売する契約に変更した。減額分はA商品4個の納品遅延による賠償分である。

(3) 4月1日にA商品のうち2個を甲社に引き渡した。

(4) 5月1日にA商品のうち2個を甲社に引き渡した。

この場合、別個の財またはサービスの追加により、契約の範囲が拡大していないため、**要件①を満たしません**。

そこで、**既存の契約の一部を変更したと仮定して処理します**。

(1) 2月20日　売上計上額：@ 100 円（A商品）× 6 個 = 600 円

(2) 3月1日

A商品10個を**1,000円で販売する契約**を、**800円** [01] で10個販売する契約に変更したと考えます。そこで、**すでに引き渡した6個分の収益を変更後の契約価格にもとづいて修正します**。

01) @ 100 円 × 6 個 + @ 50 円 × 4 個 = 800 円

変更後のあるべき収益計上額：$800 円 \times \dfrac{6 個}{10 個} = 480 円$（または @ 80 円 × 6 個）

修正額：480 円 − 600 円 = △ 120 円

(借) 売　　　　　上　120　(貸) 売　掛　金　　120

(3) 4月1日　売上計上額：$800 円 \times \dfrac{8 個}{10 個} - 480 円 = 160 円$（または @ 80 円 × 2 個）

(4) 5月1日　売上計上額：800 円 − 480 円 − 160 円 = 160 円（または @ 80 円 × 2 個）

ケース3は、工事契約の請負価額の変更と同じです。契約変更後の収益累計額からすでに収益計上した額を引いた額を当期の収益とします。

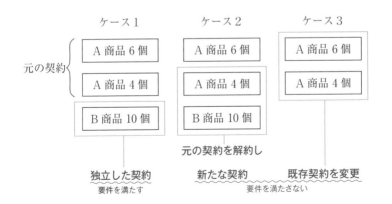

次の各文章の空欄に適切な語句を記入しなさい。

(1) 財務諸表の作成にあたって採用した会計処理の原則及び手続を（　ア　）という。　　★★

(2) 資産及び負債や収益及び費用等の額に不確実性がある場合において、財務諸表作成時に入手可能な情報に基づいて、その合理的な金額を算出することを会計上の（　イ　）という。　　★

(3) 「（　ウ　）方法」とは、財務諸表の作成にあたって採用した（　ウ　）の方法をいい、財務諸表の科目分類、科目配列及び報告様式が含まれる。　　★

(4) 「会計上の変更」とは、（　エ　）の変更、表示方法の変更及び会計上の見積りの変更をいう。過去の財務諸表における誤謬の訂正は、会計上の変更には該当しない。　　★★

(5) 原因となる行為が意図的であるか否かにかかわらず、財務諸表作成時に入手可能な情報を使用しなかったことによる、またはこれを誤用したことによる誤りを（　オ　）という。　　★

解 答

ア	イ	ウ	エ	オ
会計方針	見積り	表　示	会計方針	誤　謬

解 説

(1) 会計上の変更と、誤謬の訂正の取扱いをまとめると、次のようになります。

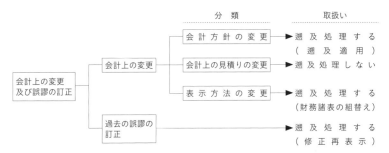

言葉の説明

　会計における「不確実性」とは、金額が確定していないことをいいます。

次の各文章の空欄に適切な語句を記入しなさい。

(1) 会計方針は、（　ア　）により変更を行う場合を除き、毎期継続して適用する。（　ア　）により変更を行う場合は、次のいずれかに分類される。
　① 会計基準等の改正に伴う会計方針の変更
　② ①以外の（　ア　）による会計方針の変更　　　　　　　　　★

(2) 財務諸表には、重要な（　イ　）を注記する。（　イ　）の例としては、次のようなものがある。
　① 有価証券の評価基準及び評価方法
　② 棚卸資産の評価基準及び評価方法
　③ 固定資産の減価償却の方法
　④ 繰延資産の処理方法
　⑤ 外貨建資産及び負債の本邦通貨への換算基準
　⑥ 引当金の計上基準
　⑦ 収益及び費用の計上基準　　　　　　　　　　　　　　　★★

(3) 会計方針の変更に関する原則的な取扱いは、次のとおりとする。
　① 会計基準等の改正に伴う会計方針の変更の場合
　　　会計基準等に特定の経過的な取扱いが定められていない場合には、新たな会計方針を過去の期間のすべてに（　ウ　）する。
　　　会計基準等に特定の経過的な取扱いが定められている場合には、その経過的な取扱いに従う。　　　　　　　　　　　　　　　★
　② ①以外の正当な理由による会計方針の変更の場合、新たな会計方針を過去の期間のすべてに（　エ　）する。　　　　　　　★★★

(4) 財務諸表の表示方法を変更した場合には、原則として表示する過去の財務諸表について、新たな表示方法に従い財務諸表の（　オ　）を行う。
　　　　　　　　　　　　　　　　　　　　　　　　　　　　　★★★

⑸　会計上の見積りの変更は、変更が変更期間のみに影響する場合には、変更期間に会計処理を行い、変更が将来の期間にも影響する場合には、（　カ　）にわたり会計処理を行う。　　　　　　　　　　　★★★

⑹　過去の財務諸表における誤謬が発見された場合には、（　キ　）する。
　　　　　　　　　　　　　　　　　　　　　　　　　　　　　★★★

■・解　答

ア	イ	ウ	エ	オ
正当な理由	会計方針	遡及適用	遡及適用	組替え

カ	キ
将　来	修正再表示

➤　解　説

⑵　有価証券や棚卸資産の「評価方法」とは、平均原価法や先入先出法のことであり、「評価基準」とは、時価や取得原価のことをいいます。

言葉の説明

　「遡及適用」とは、遡（さかのぼ）って適用することをいいます。

次の各文章について、正しければ○を、誤っていれば×を付けなさい。

(1) 有形固定資産等の減価償却方法の変更は会計方針の変更であるため、新たな会計方針を過去の期間のすべてに遡及適用する。　　　　　　★★★

(2) 有形固定資産の耐用年数を変更した場合の処理の考え方としては、過去の影響額を変更時にまとめて認識するキャッチ・アップ方式と、変更時以降の期間に影響させるプロスペクティブ方式がある。現在の会計基準では前者の処理を採用している。　　　　　　　　　　　　　　　　　　　★

(3) 有形固定資産の耐用年数の変更について、過去に定めた耐用年数が、これを定めた時点での合理的な見積りに基づくものであり、それ以降の変更も合理的な見積りによるものであれば、その変更は過去の誤謬の訂正には該当せず、会計上の見積りの変更に該当する。　　　　　　　　　★

(4) 引当金について過去に入手可能な情報に基づいて最善の見積りを行った場合に、実績額と見積金額との差額は、その性質により、営業損益または営業外損益として認識する。　　　　　　　　　　　　　　　　　　　★

(1)	(2)	(3)	(4)
×	×	○	○

▶ 解 説

(1) 「減価償却方法」は会計方針に該当しますが、「減価償却方法の変更」は固定資産の価値の減少パターンの変更であり、会計上の見積りの変更と考えられます。

このため、「減価償却方法の変更」は、会計方針の変更を会計上の見積りの変更と区別することが困難な場合に該当し、会計上の見積りの変更と同様に取扱い、遡及適用を行いません。

(2) 有形固定資産の耐用年数を変更した場合には、変更時以降の期間に影響させるプロスペクティブ方式によって行います。

(4) 例えば、貸倒引当金戻入 100 円の場合、以下のようになります。　★

	原　則	容　認
営業債権の場合	（販売費及び一般管理費） 貸倒引当金繰入　△ 100	（営業外収益） 貸倒引当金戻入　100
営業外債権の場合	（営業外費用） 貸倒引当金繰入　△ 100

なお、最善の見積りを行わなかったため差額が生じた場合は過去の誤謬に該当し、修正再表示を行います。

言葉の説明

「プロスペクティブ」は、「将来の」という意味です。

「キャッチ・アップ」は、「追いつく」という意味です。

153

次の各文章の空欄に適切な語句を記入しなさい。

(1) 研究とは、新しい知識の発見を目的とした計画的な調査及び探究をいう。開発とは、新しい製品・サービス・生産方法（製品等という。）についての計画もしくは設計または既存の製品等を著しく改良するための計画もしくは設計として、研究の成果その他の知識を（　ア　）化することをいう。 ☆

(2) 研究開発費には、人件費、原材料費、固定資産の（　イ　）及び間接費の配賦額等、研究開発のために費消されたすべての原価が含まれる。 ☆

(3) 研究開発費は、すべて発生時に（　ウ　）として処理しなければならない。なお、ソフトウェア制作費のうち、研究開発に該当する部分も（　エ　）として費用処理する。

　費用として処理する方法には（　オ　）として処理する方法と当期（　カ　）費用として処理する方法がある。 ☆☆

(4) 一般管理費及び当期製造費用に含まれる研究開発費の総額は、財務諸表に（　キ　）しなければならない。 ☆

(5) 特定の研究開発目的にのみ使用され、他の目的に使用できない機械装置や特許権等を取得した場合の原価は、取得時の（　ク　）とする。 ☆

ア	イ	ウ	エ	オ
具　体	減価償却費	費　用	研究開発費	一般管理費
カ	キ	ク		
製　造	注　記	研究開発費		

▶　解　説

(3)　研究開発が製品の製造現場において行われている場合、その製造現場で発生する原価が研究開発費となります。

　　具体的には、工場の製造ラインに研究開発の要員が常駐し、製造過程において絶えず新製品の研究開発を行っている場合などがあります。

（参考）　研究開発費の情報の重要性　 ☆

　研究開発は、企業の将来の収益性を左右する重要な要素であり、近年、商品サイクルの短期化などにより、企業の研究開発の支出額も大きくなっています。そのため、研究開発費の情報は、企業の将来の収益予測に関する重要な情報となっています。よって、注記します。

（参考）　ソフトウェアの会計基準の必要性　 ☆

　ＩＴの発達による高度情報化社会の中で、企業活動におけるソフトウェアの重要性が増し、その制作のための支出額も多額になってきています。そこで、ソフトウェアについての会計基準が整備されました。

　なお、ソフトウェアの制作には多額の研究開発費がかかります。

次の各文章の空欄に適切な語句を記入しなさい。

(1) 市場販売目的のソフトウェアについては、最初に製品化された製品マスターの完成までの費用及び製品マスターまたは購入したソフトウェアに対する著しい改良に要した費用が（　ア　）に該当する。　　　★★

(2) 市場販売目的のソフトウェアである製品マスターの制作費は、研究開発費に該当する部分を除き、（　イ　）として計上しなければならない。

　　ただし、製品マスターの機能維持に要した費用は、（　ウ　）として計上してはならない。　　　★

(3) 自社利用のソフトウェアのうち、社内利用のソフトウェアについては、完成品を購入した場合のように、その利用により将来の収益獲得または（　エ　）の削減が確実であると認められる場合には、そのソフトウェアの取得に要した費用を資産として計上しなければならない。　　　★

(4) 市場販売目的のソフトウェア及び自社利用のソフトウェアを資産として計上する場合には、（　オ　）の区分に計上しなければならない。　　　★★

(5) 制作途中のソフトウェアの制作費については、無形固定資産にソフトウェア（　カ　）として計上することとする。　　　★

(6) 無形固定資産として計上したソフトウェアの取得原価は、そのソフトウェアの性格に応じて、（　キ　）数量にもとづく償却方法その他合理的な方法により償却しなければならない。

　　ただし、毎期の償却額は、残存有効期間にもとづく均等配分額を下回ってはならない。　　　★★

▶ 解 答

ア	イ	ウ	エ	オ
研究開発費	資　産	資　産	費　用	無形固定資産

カ	キ
仮勘定	見込販売

▶ 解 説

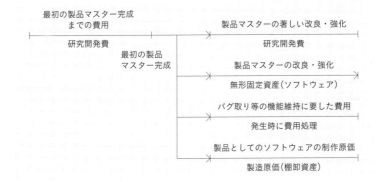

次の各文章について、正しければ○を、誤っていれば×を付けなさい。

(1)　特定の研究開発目的にのみ使用され、他の目的に使用できない機械装置や特許権等を取得した場合、その取得に要した額を資産として計上する。

★

(2)　市場販売目的のソフトウェアについては、最初に製品化された製品マスターの完成までの費用を研究開発費とし、著しい改良に要した費用はソフトウェアの取得原価に含めて処理する。

★★

(3)　市場販売目的のソフトウェアである製品マスターの制作費は、研究開発費に該当する部分も含め、資産として計上しなければならない。

★★

(4)　社内利用のソフトウェアについては、完成品を購入した場合のように、その利用により将来の収益獲得または費用削減が確実であると認められる場合には、ソフトウェアの取得に要した費用を資産として計上しなければならない。

★

(1)	(2)	(3)	(4)
×	×	×	○

▶ 解 説

(1) 他の目的に使用できない機械装置や特許権等の原価は、取得時の研究開発費とします。

(借) 研 究 開 発 費　　×× （貸）現 金 預 金　　××

(2) 著しい改良に要した費用も研究開発費とします。

(3) 研究開発費に該当する部分を**除き**、資産として計上しなければなりません。

(4) 将来の収益獲得または費用削減が確実である自社利用（社内利用）のソフトウェアについては、将来の収益と対応させるため、その取得に要した額を資産として計上し、その利用期間にわたり償却を行います。

　　自社利用目的のソフトウェアの例
　　：会計ソフト[01]や、給与計算ソフト[01]などを自社で利用する場合

　　市場販売目的のソフトウェアの例
　　：ワード・エクセルなどのソフトや、ゲームソフトを制作・販売している場合

　　　01) 会計ソフトや給与計算ソフトを制作・販売している会社にとっては、市場販売目的のソフトウェアとなります。

次の各文章の空欄に適切な語句を記入しなさい。

1．連結財務諸表作成における一般原則

(1) 連結財務諸表は、企業集団の財政状態、経営成績及びキャッシュ・フローの状況に関して（　ア　）な報告を提供するものでなければならない。　★

(2) 連結財務諸表は、企業集団に属する親会社及び子会社が一般に公正妥当と認められる企業会計の基準に準拠して作成した（　イ　）を基礎として作成しなければならない。　★

(3) 連結財務諸表は、企業集団の状況に関する判断を誤らせないよう、利害関係者に対し必要な財務情報を明瞭に表示するものでなければならない。

(4) 連結財務諸表作成のために採用した基準及び手続は、毎期（　ウ　）して適用し、みだりにこれを変更してはならない。　★

2．連結の範囲

(1) 親会社は、原則としてすべての（　エ　）を連結の範囲に含める。
★★

(2) 子会社のうち次の該当するものは、連結の範囲に含めない。
① （　オ　）が一時的であると認められる企業
② ①以外の企業であって、連結することにより利害関係者の判断を著しく誤らせるおそれのある企業　★

(3) 子会社であって、その資産、売上高等を考慮して、連結の範囲から除いても企業集団の財政状態、経営成績及びキャッシュ・フローの状況に関する合理的な判断を妨げない程度に（　カ　）の乏しいものは、連結の範囲に含めないことができる。　★

▬ 解 答

ア	イ	ウ	エ	オ
真 実	個別財務諸表	継 続	子会社	支 配

カ
重要性

➤ 解 説

エ 連結の範囲とは連結財務諸表に含める企業の範囲のことで、子会社のうち連結の範囲に含めるものを連結子会社といいます。

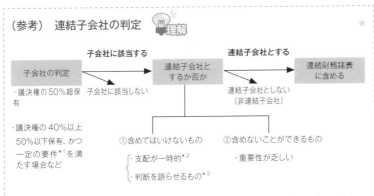

(参考) 連結子会社の判定 💡理解

＊1 例としては、親会社の役員で、子会社の意思決定に影響を与えることができる者が、子会社の取締役会の過半数を占めている場合や、子会社の負債に計上されている借入債務の過半について親会社が融資を行っている場合などがあります。

＊2 当期は支配しているが、前期は支配しておらず、翌期以降も支配しないことが確実である場合などです。

＊3 在外子会社の所在地国で、クーデターなどの理由から子会社の経営権と資産が新政権の管理下に置かれているため、親会社の支配権が妨げられるなど特殊なケースに限られます。

言葉の説明

「議決権」とは、会社の最高意思決定機関である株主総会に出席し、提案された議案に対し賛成・反対の投票をできる権利をいいます。

次の各文章の空欄に適切な語句を記入しなさい。

1．子会社の資産及び負債の評価

(1)　連結貸借対照表の作成にあたっては、支配獲得日において、子会社の資産及び負債のすべてを支配獲得日の（　ア　）により評価する方法（全面時価評価法）により評価する。　　　★★

(2)　子会社の資産及び負債の時価による評価額と資産及び負債の個別貸借対照表上の金額との差額（評価差額）は、子会社の（　イ　）とする。　　　★★

2．投資と資本の相殺消去

(1)　親会社の子会社に対する投資とこれに対応する子会社の資本は、相殺消去する。

　①　親会社の子会社に対する投資の金額は、支配獲得日の（　ウ　）による。　　　★★★

　②　子会社の資本は、子会社の個別貸借対照表上の純資産の部における株主資本及び評価・換算差額等と評価差額からなる。

(2)　親会社の子会社に対する投資とこれに対応する子会社の資本との相殺消去にあたり、差額が生じる場合には、当該差額をのれん（または負ののれん）とする。

(3)　連結財務諸表においては、子会社株式の取得関連費用は、発生した連結会計年度の（　エ　）として処理する。　　　★★★

ア	イ	ウ	エ
時　価	資　本	時　価	費　用

▶ 解 説

(1)　企業が他の企業に対する支配を獲得する取引では、通常の資産の取得と同様の処理をします。つまり、商品の購入取引では、商品を取得時の時価で評価するのと同様に、支配獲得の取引では、支配獲得時の時価で資産、負債を評価します。なお、支配の獲得という点で企業結合の処理も同じです。

(3)　子会社株式の取得関連費用を費用処理する場合には、支払手数料などの科目を用いて処理します。なお、支配獲得日の翌事業年度以降は、利益剰余金当期首残高となります。

(借)支 払 手 数 料　　　　×　(貸)子 会 社 株 式　　　　×

(借)資　　本　　金　　××　(貸)子 会 社 株 式　　××
　　　利 益 剰 余 金　　××　　　　非支配株主持分　　　×
　　　の　　れ　　ん　　　×

言葉の説明

　「連結財務諸表に関する会計基準」における「子会社の資本」の用語には、株主資本だけでなく、評価・換算差額等や評価差額が含まれます。

次の各文章の空欄に適切な語句を記入しなさい。

1．非支配株主持分

(1) 子会社の資本のうち親会社に帰属しない部分は、（　ア　）とする。
　　　　　　　　　　　　　　　　　　　　　　　　　　　　★★

(2) 支配獲得日の子会社の資本は、親会社に帰属する部分と非支配株主に帰属する部分とに分け、前者は、親会社の投資と相殺消去し、後者は（　イ　）として処理する。
　　　　　　　　　　　　　　　　　　　　　　　　　　　　★★

(3) 支配獲得日後に生じた子会社の利益剰余金及び評価・換算差額等のうち非支配株主に帰属する部分は、（　ウ　）として処理する。　　★★

2．子会社株式の追加取得及び一部売却

(1) 子会社株式を追加取得した場合には、追加取得した株式に対応する持分を非支配株主持分から減額し、追加取得により増加した親会社の持分を追加投資額と相殺消去する。

　　追加取得持分と追加投資額との間に生じた差額は、（　エ　）とする。
　　　　　　　　　　　　　　　　　　　　　　　　　　　　★★★

(2) 子会社株式を一部売却した場合（親会社と子会社の支配関係が継続している場合に限る。）には、売却した株式に対応する持分を親会社の持分から減額し、非支配株主持分を増額する。

　　売却による親会社の持分の減少額と売却価額との間に生じた差額は、（　オ　）とする。
　　　　　　　　　　　　　　　　　　　　　　　　　　　　★★★

ア	イ	ウ	エ	オ
非支配株主持分	非支配株主持分	非支配株主持分	資本剰余金	資本剰余金

▶ 解 説

1.(1) 非支配株主持分は、**子会社の資本のうち親会社以外の持分**を金額で表したものです。非支配株主持分と子会社の用語を混乱しないようにしましょう。

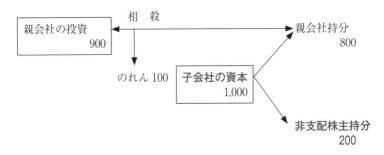

1.(3) 子会社のその他有価証券評価差額金の増加額のうち非支配株主に帰属する部分は、非支配株主持分に振り替えます。

（借）その他有価証券評価差額金当期変動額 　　×× 　　（貸）非支配株主持分当期変動額 　　××

2. 子会社株式の追加取得、一部売却の会計処理の結果、資本剰余金が負の値となる場合には、連結会計年度末において、資本剰余金をゼロとし、負の値を利益剰余金から減額します。これは自己株式の取引におけるその他資本剰余金の処理と同じです。

次の各文章の空欄に適切な語句を記入しなさい。

(1) 連結財務諸表の作成にあたり、親会社の子会社に対する投資とこれに対応する子会社の資本を相殺消去し、消去差額をのれん（または負ののれんの発生益）として計上し、子会社の資本のうち親会社に帰属しない部分を非支配株主持分に振り替える一連の手続きを（ ア ）という。　★★

(2) 連結財務諸表の作成にあたり、連結財務諸表を親会社の財務諸表の延長線上に位置づけて、株主資本に関して親会社の株主の持分のみを反映させる考え方を（ イ ）説という。　★★

(3) 連結財務諸表の作成にあたり、連結財務諸表を親会社とは区別される企業集団全体の財務諸表と位置づけて、企業集団を構成するすべての連結会社の株主の持分を反映させる考え方を（ ウ ）説という。　★★

ア	イ	ウ
資本連結	親会社	経済的単一体

➤ 解 説

(2)(3)連結財務諸表の作成については、親会社説と経済的単一体説の2つの考え方があります。両者の違いは非支配株主持分を連結上の株主資本に含めるか否かです。

① **親会社説**

連結財務諸表を親会社の財務諸表の延長線上に位置づけて、親会社の株主の持分のみを反映させる考え方をいいます。

② **経済的単一体説**

連結財務諸表を親会社とは区別される企業集団全体の財務諸表と位置づけて、企業集団を構成するすべての連結会社の株主の持分を反映させる考え方をいいます。

従来、日本の会計基準は親会社説、国際会計基準（ＩＦＲＳ）は経済的単一体説にもとづいてきましたが、日本の会計基準は、国際会計基準における経済的単一体説を徐々に取り入れています。

子会社株式の追加取得や一部売却では、経済的単一体説により非支配株主との取引を資本取引と考え、資本取引の結果生じた剰余金を資本剰余金としています。

次の各文章について、正しければ○を、誤っていれば×を付けなさい。

(1) 親子間の決算日が異なる場合、子会社は連結決算日に常に正規の決算に準ずる手続きによって決算を行わなければならない。 ☆

(2) 支配獲得日、株式の取得日または売却日等が子会社の決算日以外の日である場合には、その日の前後いずれかの決算日に支配獲得、株式の取得または売却等が行われたものとみなして処理することができる。 ☆

(3) P社はS社の議決権株式の43%を保有しており、P社以外の株主の保有はいずれも5%未満である。

   S社取締役7名のうち、1名はP社の現在の役員であり、3名はP社の元役員であり、S社の財務及び営業または事業の方針決定に影響を与えることができる立場にある。この場合、S社はP社の子会社となる。 ☆

━ 解 答

(1)	(2)	(3)
×	○	○

➤ 解 説

(1) 決算日の差異が3ヵ月以内の場合、みなし決算が可能です。

(2) 例えば、3月決算の会社が、×7年2月14日に子会社となる会社の支配を獲得したときは、×7年3月31日（**みなし取得日**）に支配を獲得したとみなして処理することができます。

(3) 議決権の40％以上50％以下を保有しており、かつ、役員等が取締役の過半数を占め、財務及び営業または事業の方針の決定に影響を与えることができるので、子会社に該当します。

（参考） 親会社と子会社の決算日が異なる場合 ★

(1) 決算日の差異が3ヵ月以内の場合、みなし決算が可能です。

連結財務諸表の作成にあたっては、親会社の決算日を連結決算日とします。親会社と子会社の決算日が異なる場合、連結にあたり**子会社のどの時点の個別財務諸表を用いるか**は次のとおりです。

親会社と子会社
の決算日の差異
┬ 3カ月を超える場合 ➡ 子会社は連結決算日に仮決算を行う。
└ 3カ月以内の場合 ┬ 原則：子会社は連結決算日に仮決算を行う。
　　　　　　　　　└ 容認：子会社の正規の決算で連結できる。
　　　　　　　　　　　　　（みなし決算）

例1 **親会社の決算日が3月31日、子会社の決算日が12月31日の場合**
親会社と子会社の決算日の差異が3カ月以内（3カ月も含む）であるため、子会社の12月末決算による個別財務諸表を連結に取り込むことができます。海外の子会社は12月決算によることがあります。

例2 **親会社の決算日が3月31日、子会社の決算日が11月30日の場合**
親会社と子会社の決算日の差異が4カ月であるため、子会社は3月末の時点で仮決算を行い、その個別財務諸表を連結に取り込まなければなりません。

次の各文章について、正しければ○を、誤っていれば×を付けなさい。

(1)　連結財務諸表の作成において、親会社及び子会社の財務諸表が、減価償却の過不足、資産や負債の過大または過小計上等により企業の財政状態及び経営成績を適正に示していない場合には、連結財務諸表の作成上これを適正に修正して連結決算を行う。　　　　　　　　　　　　　　　☆

(2)　連結財務諸表に関する会計基準によれば、子会社の決算日と連結決算日の差異が3か月を超えない場合には、子会社の正規の決算を基礎として連結決算を行うことができる。

　　この場合、子会社の決算日と連結決算日が異なることから生じる連結会社間の取引に係る会計記録の重要な不一致について、必要な整理を行わなければならない。　　　　　　　　　　　　　　　　　　　　　　☆

(3)　段階取得における子会社に対する投資の金額は、連結財務諸表上、支配獲得日における時価で評価する。この際、支配獲得日における時価と、支配を獲得するに至った個々の取引ごとの原価の合計額との差額は、資本剰余金として処理する。　　　　　　　　　　　　　　　　　　　　　　☆☆

(1)	(2)	(3)
○	○	×

▶ 解 説

(2) 例えば、親会社の決算日が3月末で子会社の決算日が12月末で、子会社の12月末決算の財務諸表をもとに連結している場合、1月から3月までに子会社が親会社から商品を現金で仕入れたとします。

　　連結にあたり子会社の仕入の処理をしてから、連結修正仕訳で売上と仕入の相殺（未販売であれば未実現利益の調整）を行います。

① 重要な不一致の整理（連結にあたり修正）

(借)仕　　　　　　入　　×　　(貸)現　　　　　　金　　×
　　（売上原価）

② 連結修正仕訳

(借)売　　上　　高　　×××　　(貸)売　上　原　価　　×××
(借)売　上　原　価　　××　　(貸)商　　　　　品　　××

(3) 支配獲得日における時価と原価の合計額との差額は、**段階取得に係る損益**として処理します。

　　段階取得による支配獲得により、**過去に所有していた投資の実態**が、影響力行使（またはその他有価証券としての投資）から**支配へ大きく変わった**と考えます。

　　そのため、**いったん投資を清算し、改めて時価で投資を行った**とみなして処理します。したがって、時価と原価の差額を、段階取得に係る損益として処理します。

次の各文章について、正しければ○を、誤っていれば×を付けなさい。

(1) 子会社株式を追加取得した場合には、追加取得した株式に対応する持分を非支配株主持分から減額し、追加取得持分と追加投資額との差額は、のれんとする。 ★★★

(2) 子会社株式を一部売却した場合（親会社と子会社の支配関係が継続している場合に限る。）には、売却した株式に対応する持分について非支配株主持分を増額し、親会社の持分減少額と売却価額との差額は、利益剰余金とする。 ★★★

(3) 連結にあたり、子会社が採用する会計方針は親会社にあわせて統一する。 ★

(4) 子会社の判定基準として、従来は支配力基準を採用していたが、現在は持株基準を採用している。 ★★★

(5) 連結会社相互間の取引によって発生した未実現損失について、売手側の帳簿価額のうち回収不能と認められる部分は消去しない。 ★

─ 解答

(1)	(2)	(3)	(4)	(5)
×	×	×	×	○

➤ **解　説**

(1)　追加取得持分と追加投資額との差額は、**資本剰余金**とします。

(2)　親会社の持分減少額と売却価額との差額は、**資本剰余金**とします。

(3)　親会社及び子会社が採用する会計方針は、原則として統一します。このとき、子会社の会計方針を親会社の会計方針に合わせる場合のほか、親会社の会計方針を子会社の会計方針に合わせる場合も考えられます。

　　以前は親会社の会計方針に統一しましたが、会計基準の改正で変わっています。

(4)　子会社の判定基準として、現在は支配力基準を採用しています。支配力基準は、実質的な支配関係の有無にもとづいて子会社の判定を行う基準です。

　　持株基準では、議決権所有割合が100分の50以下でも事実上支配している会社が子会社に含まれないことになるため、企業集団の経済的実態を適切に反映させるために、**支配力基準に変わりました**。

(5)　

> **例題**　P社は×5年12月に商品（P社の取得原価100円）を、子会社のS社に70円で販売した。S社はこの商品を×6年3月末に保有している。商品の正味売却価額は×5年3月末は120円であったが、×6年3月末に90円まで下落している。

　未実現損失：100円－70円＝30円　回収不能額：100円－90円＝10円
　消　去　額：30円－10円＝20円

　　未実現損失（30円）について、売手側（P社）の帳簿価額（100円）のうち回収不能と認められる部分（10円）は消去しません。

（借）商　　　　　品　　　20　（貸）売　上　原　価　　　20

　商品B／S価額：70円＋20円＝90円

次の各文章について、正しければ○を、誤っていれば×を付けなさい。

(1) 子会社株式を取得した時に発生した取得関連費用は、親会社の個別財務諸表においては子会社株式の帳簿価額に加算されるが、連結財務諸表においては発生した期間の費用として処理される。 ★★★

(2) のれんは、繰延資産の区分に表示し、その当期償却額は特別損失の区分に表示する。 ★★★

(3) 負ののれん発生益を計上すると、その分だけ当期の経常利益が大きくなる。 ★★

(4) アップ・ストリームの場合、期末棚卸資産に含まれている未実現利益は、その全額を棚卸資産から控除するとともに、親会社と子会社の持分比率に応じて親会社持分と子会社持分に配分する。 ★★

▶ 解 答

(1)	(2)	(3)	(4)
○	×	×	×

▶ 解 説

(1) 子会社株式を取得した時に発生した取得関連費用は、親会社の個別財務諸表では子会社株式の取得原価に含めますが、連結財務諸表では発生した期間の費用として処理します。

(2) のれんは、**無形固定資産**の区分に表示します。また、のれん償却額は、**販売費及び一般管理費**の区分に表示します。

(3) 負ののれん発生益は、損益計算書上、原則として**特別利益**の区分に表示します。そのため、負ののれん発生益の計上で経常利益は変動しません。

(4) アップ・ストリームの場合、未実現利益を、親会社と子会社の非支配株主の持分比率に応じて、親会社持分と**非支配株主持分**に配分します。

（参考） 連結の計算問題の答え方 ★★

　1級では、連結修正仕訳を解答する問題はほとんど出題されず、連結財務諸表の各金額を解答する問題が出題されています。

　これまで見たことのない連結会社間の取引があった場合、以下のように考えてみましょう。

・個別財務諸表を合算したままの金額をそのまま開示した場合、**何が問題か**を考える。

・企業グループを1つの会社と捉えた場合、**どのような金額を計上すべきか**を考える。

　例えば、親会社が子会社に利益を付けて販売した商品を、子会社で広告宣伝用に消費した場合、付加した利益だけ広告宣伝費が過大に計上されていることが問題であり、利益を抜いた金額を広告宣伝費として計上すべきことがわかります。

　このように考えれば、仕訳の相手の勘定がわからなくても広告宣伝費の金額は解答できます。

次の各文章の空欄に適切な語句を記入しなさい。

(1) 企業結合における「取得」とは、ある企業が他の企業または企業を構成する事業に対する（　ア　）を獲得することをいう。

「取得企業」とは、ある企業または企業を構成する事業を取得する企業をいい、取得される企業を「被取得企業」という。　　　　　　　　　　☆

(2) 被取得企業または取得した事業の取得原価は、原則として、取得の対価（支払対価）となる財の企業結合日における（　イ　）で算定する。

支払対価が現金以外の資産の引渡し、負債の引受けまたは株式の交付の場合には、支払対価となる財の時価と被取得企業または取得した事業の時価のうち、より高い信頼性をもって測定可能な時価で算定する。　　☆☆

(3) 取得とされた企業結合において、被取得企業の資産・負債を、原則として、企業結合日における時価で算定するが、この会計処理方法を（　ウ　）法という。　　　　　　　　　　　　　　　　　　　　　　　　　　☆☆☆

(4) 被取得企業または取得した事業の取得原価が、受け入れた資産及び引き受けた負債に配分された純額を上回る場合には、その超過額は（　エ　）として会計処理し、下回る場合には、その不足額は負ののれんとして会計処理する。　　　　　　　　　　　　　　　　　　　　　　　　　　☆☆☆

ア	イ	ウ	エ
支　配	時　価	パーチェス	のれん

▶ **解　説**

(1)① **企業結合には**、合併のように他の企業に対する**支配**を獲得するものだけでなく、他の企業が持っている**事業（の１つ）を取得する場合も含ま**れます。

　　事業分離（会社分割）を取得者側から見た場合には企業結合となり、企業結合会計基準が適用されます。

　② 取得とされた企業結合においては、いずれかの結合当事企業を取得企業として決定します。企業結合の対価が株式の場合、通常、株式を交付する企業が取得企業となります。

　　ただし、必ずしも株式を交付した企業が取得企業にならないとき（逆取得）もあるため、結合後の議決権比率の大きさを考慮して決定します。

言葉の説明

　「パーチェス」には、「購入する」という意味があります。

のれんが生じるのは、取得企業の資産と負債の価値（純額）よりも購入価額（取得原価：交付株式の時価など）が大きい場合です。

　しかし、取引は基本的には等価交換で行われるため、割高で購入しているのではなく、購入価額に、その企業または事業が持つ技術力、ブランド価値、ノウハウなどが含まれていると考えます。

　これら企業の超過収益力がのれんです。

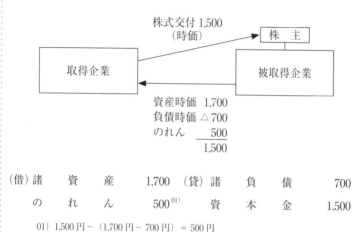

| （借）諸　　資　　産 | 1,700 | （貸）諸　　負　　債 | 700 |
| の　　れ　　ん | 500[01] | 資　　本　　金 | 1,500 |

　01）　1,500 円 −（1,700 円 − 700 円）= 500 円

（参考）　負ののれんを全額、特別利益とする理由 豆知識

　負ののれんが発生する取引について、企業を売る側（被取得企業）から見た場合、資産、負債の価値よりも安く売っています。

　そのため、負ののれんが生じる取引はあまりありません。

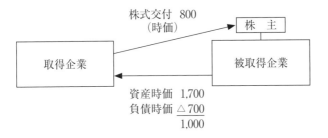

　それでも、後継者がいない、従業員の雇用を確保したい、または被得企業の貸借対照表の負債には計上されていないが、債務保証や損害賠償のリスクがあり経営者が早く売って現金化したい場合、純資産の価値以下で売ることがあります。

　これを買い手から見た場合には、たまたま安く買えたと考え特別利益に計上します。

（借）諸　　資　　産	1,700	（貸）諸　　　負　　　債	700
		資　　本　　金	800
		負ののれん発生益	200 [01]

01）800円 −（1,700円 − 700円）＝△200円

　なお、会計基準では、負ののれんが生じると見込まれる場合には、いきなり利益として計上するのではなく、①まず取得する企業の資産、負債の把握もれや計算間違いがないか確認した上で、②間違いがなければ利益に計上するという2段階の規定になっています。

次の各文章の空欄に適切な語句または数字を記入しなさい。

(1) のれんは、資産に計上し、(ア)年以内のその効果の及ぶ期間にわたって、定額法その他合理的な方法により規則的に償却する。　　★★★

(2) のれんは（ イ ）の区分に表示し、のれんの当期償却額は（ ウ ）の区分に表示する。　　★★★

(3) 取得関連費用（外部のアドバイザー等に支払った特定の報酬・手数料等）は、発生した事業年度の（ エ ）として処理する。　　★★★

(4) 企業結合の対価として、取得企業が自己株式を処分した場合には、新株の発行と自己株式の処分の対価の額から、処分した自己株式の帳簿価額を控除した額を（ オ ）の増加として会計処理する。　　★★

━ ▸ 解　答

ア	イ	ウ	エ	オ
20	無形固定資産	販売費及び一般管理費	費　用	払込資本

➤ 解　説

(3) 取得関連費用は、事業の売主と買主の間の公正な価値での交換の一部ではなく、企業結合とは別の取引と考えるため、費用処理します。

　(借)諸　　資　　産　　××　(貸)諸　　負　　債　　××
　　　の　れ　ん　　　　×　　　資　　本　　金　　××
　(借)支　払　手　数　料　　×　(貸)現　金　預　金　　　×

(4) 自己株式の処分の処理をまとめると次のとおりとなります。

(1) 自己株式単独による処分 ──┬── 処分差益→その他資本剰余金
　　　　　　　　　　　　　　　└── 処分差損→その他資本剰余金

(2) 自己株式と新株発行 ──┬── 処分差益→その他資本剰余金
　　（新株予約権の行使含む）　└── 処分差損→払込資本から控除

(3) 企業結合での自己株式の交付 ──── 被取得企業の取得原価から自己株式の
　　　　　　　　　　　　　　　　　　簿価を引いた額を払込資本とする。

（参考）　企業結合における自己株式の処理 豆知識　　　　　　　★

　通常の新株発行では、「原則は資本金、容認で半分までは資本準備金とできる」としますが、企業結合の対価として新株を発行する場合、そのルールが大幅に緩和され、合併契約など企業結合の契約で「払込資本を自由に資本金・資本準備金・その他資本剰余金」として決めることができます。その他資本剰余金とすれば配当することができます。

　これは、消滅会社（被合併会社）が元々抱えていた分配可能額（内部留保）を引き継いで、合併後も安定した配当ができるようにするためとも言われています。

　このように、そもそも新株を発行したときの払込資本の内訳自体が企業結合の場合は自由ですから、自己株式を交付したときの処分差額を特別扱いする必要がありません。

　そのため、増加資本から自己株式の帳簿価額を差し引いた残りを合併契約などにもとづいて払込資本（資本金・資本準備金・その他資本剰余金）に振り分けることになっています。

17 企業結合 ③

次の各文章の空欄に適切な語句を記入しなさい。

(1) 結合当事企業（または事業）のすべてが、企業結合の前後で同一の株主により最終的に支配され、かつ、その支配が一時的ではない場合の企業結合を（　ア　）の取引という。　★

(2) 共同支配企業の形成及び共通支配下の取引以外の企業結合は、（　イ　）となる。　★

▶ 解 答

ア	イ
共通支配下	取 得

➤ 解 説

⑴ 共通支配下の取引の例としては、親会社による子会社の合併、親会社による子会社の事業の取得などがあります。

（例）親会社が、完全子会社（100％取得）を吸収合併した場合

　企業結合前はP社がS社株式を取得してS社を支配し、最終的にはP社株主が支配しています。**企業結合後もP社株主が支配**しています。

⑵ 「共同支配企業」とは、複数の独立した企業により共同で支配される企業をいい、「共同支配企業の形成」とは、複数の独立した企業が契約等に基づき、共同支配企業を形成する企業結合をいいます。

　「共同支配投資企業」とは、共同支配企業を共同で支配する企業をいいます。

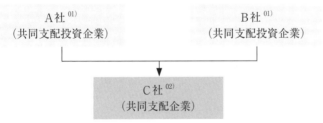

01）共同支配投資企業は、個別上、共同支配企業に対する投資の取得原価を、移転した事業の株主資本相当額とします。
　　また、共同支配投資企業は、連結上、共同支配企業に対する投資について持分法を適用します。

02）共同支配企業は、個別上、共同支配企業から移転する資産及び負債を、共同支配投資企業の帳簿価額で計上します。

次の各文章の空欄に適切な語句を記入しなさい。

(1) 負ののれんは、原則として、（　ア　）に表示する。　　　★★★

(2) 企業結合で、消滅会社が取得企業となる場合、存続会社の個別財務諸表では、取得企業の資産及び負債を合併直前の適正な（　イ　）により計上する。　　　★

解　答

ア	イ
特別利益	帳簿価額

➤ **解 説**

(2) 企業（事業）を買った側が被取得企業となるのが**逆取得**です。

　　例えば、規模の小さな会社（A社：発行済株式 100 株）が存続会社となり、規模の大きな会社（X社：発行済株式 900 株）を消滅会社として合併します。

　　A社はX社の資産、負債を手に入れますが、規模の大きいX社の株主に大量のA社株式（900 株[01]）を交付する結果、元X社株主の議決権比率が90％となり、合併後のA社を支配（900 株 /1,000 株）します。

　　01）合併による交付する株式の比率は 1：1 とします。

　　企業結合の多くは、組織再編（経営を一元化して管理コストの削減、競争力や資金力の強化）を目的に行われます。

　　一方、逆取得は、規模の小さい赤字会社が規模の大きい黒字会社を引継ぐことで、黒字と赤字を税務上、相殺できるというメリットを目的として行われることがあります。

次の各文章について、正しければ○を、誤っていれば×を付けなさい。

(1) 企業結合において、取得関連費用（外部のアドバイザー等に支払った特定の報酬・手数料等）は、被取得企業または取得した事業の取得原価に含める。 ★★★

(2) 企業結合で、取得企業が受け入れた資産に、法律上の権利など分離して譲渡可能な無形資産が含まれる場合には、その無形資産は識別可能なものとして取り扱う。 ★

解答

(1)	(2)
×	○

解説

(1)　取得関連費用は、発生した事業年度の**費用**として処理します。

(2)　企業結合で、取得企業が受け入れた資産に法律上の権利など**分離して譲渡可能**な無形資産が含まれる場合には、被取得企業の貸借対照表に計上されていたかどうかにかかわらず、その無形資産を識別可能資産として取り扱います。

　例えば、企業結合により受け入れた研究開発の途中段階の成果は、分離して譲渡可能な場合、「仕掛研究開発費」などとして無形固定資産に計上します。

> **例題** A社はB社を吸収合併し、B社株主に対してA社株式100株（合併時の株価@100円）を交付した。
> 　A社が受け入れた諸資産の時価は22,000円、諸負債の時価は13,000円であり、この他にB社の研究開発プロジェクト（評価額800円）を識別可能資産として計上する。A社は増加資本の全額を資本金とする。

(借)諸　　資　　産　　22,000　(貸)諸　　負　　債　　13,000

　　仕掛研究開発費　　　　800　　　　資　　本　　金　　10,000 [01]

　　の　　れ　　ん　　　　200 [02]

　01)　@100円×100株＝10,000円
　02)　10,000円－（22,000円＋800円－13,000円）＝200円

187

次の各文章の空欄に適切な語句を記入しなさい。

1. 受取対価が現金等の財産のみの場合

(1) 子会社へ事業分離する場合

　　分離元企業（親会社）は個別財務諸表上、共通支配下の取引として、受け取った現金等の財産は、移転前に付された適正な帳簿価額により計上する。

　　この結果、当該価額と移転した事業に係る株主資本相当額との差額は、原則として、（　ア　）として認識する。　　　　　　　　　　　　☆

(2) 関連会社へ事業分離する場合

　　分離元企業は個別財務諸表上、受け取った現金等の財産は、原則として、時価により計上する。

　　この結果、当該時価と移転した事業に係る株主資本相当額との差額は、原則として、（　イ　）として認識する。　　　　　　　　　　　　☆

(3) 子会社や関連会社以外へ事業分離する場合

　　分離元企業が受け取った現金等の財産は、原則として、時価により計上し、移転した事業に係る株主資本相当額との差額は、原則として、（　ウ　）として認識する。　　　　　　　　　　　　　　　　　　　　☆

2. 受取対価が分離先企業の株式のみの場合

(1) 分離先企業が新たに子会社となる場合

　　分離元企業（親会社）は個別財務諸表上、移転損益は認識せず、分離元企業が受け取った分離先企業の株式（子会社株式）の取得原価は、移転した事業に係る（　エ　）相当額に基づいて算定する。　　　★★

(2) 分離先企業が新たに関連会社となる場合

　　分離元企業は個別財務諸表上、移転損益は認識せず、分離元企業が受け取った分離先企業の株式（関連会社株式）の取得原価は、移転した事業に係る（　オ　）相当額に基づいて算定する。　　　　　★★

(3) **分離先企業が子会社や関連会社以外となる場合**

分離元企業は個別財務諸表上、原則として、（　カ　）を認識し、分離元企業が受け取った分離先企業の株式の取得原価は、時価で計上する。

★★

(4) 事業分離による移転損益は、原則として、（　キ　）損益に計上する。

★

解答

ア	イ	ウ	エ	オ
移転損益	移転損益	移転損益	株主資本	株主資本

カ	キ
移転損益	特　別

解説

事業分離の個別財務諸表上の処理を整理すると、次のようになります。

受取った対価	分離先企業	移転損益	取得した対価
現金等	子会社	計上する	帳簿価額
	関連会社、その他	計上する	時　価
株　式	子会社、関連会社となる	計上しない	株主資本（帳簿価額）
	子会社、関連会社とならない	計上する	時　価

分離先企業が新たに分離元企業の子会社や関連会社となる場合、分離した事業に対する**投資が継続**していると考え、分離元企業は、個別財務諸表上、分離先企業から受け取った株式の取得原価を、移転した事業に係る**株主資本相当額**にもとづいて処理します。

なお、受取対価が株式で、事業分離により分離先企業が子会社や関連会社以外となる場合、**投資が清算**されたと考え、**移転損益**を認識します。

言葉の説明

「分離元企業」とは、事業を移転する企業をいいます。
「分離先企業」とは、事業を受け入れる企業をいいます。

次の各文章の空欄に適切な語句を記入しなさい。

(1) 「包括利益」とは、ある企業の特定期間の財務諸表において認識された
（　ア　）の変動額のうち、企業の純資産に対する持分所有者との直接的
な取引によらない部分をいう。　　　　　　　　　　　　　　　　★★★

(2)　企業の純資産に対する持分所有者には、株主のほか企業の発行する新株
予約権の所有者が含まれ、連結財務諸表においては、子会社の（　イ　）
も含まれる。　　　　　　　　　　　　　　　　　　　　　　　　　★

(3) 「その他の包括利益」とは、包括利益のうち（　ウ　）に含まれない部
分をいう。連結財務諸表におけるその他の包括利益には、（　エ　）株主
に係る部分と（　オ　）株主に係る部分が含まれる。　　　　　　★★★

(4)　包括利益計算書では、当期純利益に（　カ　）の内訳項目を加減して包
括利益を表示する。　　　　　　　　　　　　　　　　　　　　　★★★

(5)　その他の包括利益の内訳項目は、その他有価証券評価差額金、繰延ヘッ
ジ損益、為替換算調整勘定、（　キ　）に係る調整額などに区分して表示
する。　　　　　　　　　　　　　　　　　　　　　　　　　　　★★★

言葉の説明

「持分所有者との直接的な取引」とは、例えば株主との取引の場合、新株の発行
による純資産の増加などです。

━━▶ 解 答

ア	イ	ウ	エ	オ
純資産	非支配株主	当期純利益	親会社	非支配

カ	キ
その他の包括利益	退職給付

➤ 解 説

(1) 当期純利益は、企業活動の結果、実現した利益を計上したものです。

その他の包括利益は、株価、為替相場、デリバティブの価値、退職給付債務（年金資産）の変動など、将来、当期純利益に反映される可能性のある**資産や負債の含み益、含み損**です。

包括利益は、当期純利益（確定済みの損益）と、その他包括利益（まだ確定していない損益）を合わせたものです。包括利益は、投資家などが企業価値を評価し投資の意思決定をするための有用な情報です。

（参考）　連結損益計算書、連結包括利益計算書の利益の計算 　★★★

個別損益計算書の当期純利益に連結修正仕訳を加減して、連結財務諸表の利益を計算できます。連結上の当期純利益は非支配株主損益を引く前の金額です。

親会社は子会社の株式の80％を取得し、子会社を支配している。親会社の当期純利益は2,000円、子会社の当期純利益は1,000円である。子会社は配当を行っておらず、のれんの当期償却額は300円である。子会社のその他有価証券評価差額金の当期変動額は100円である。

<table>
<tr><td colspan="2">連結損益計算書</td><td colspan="2">連結包括利益計算書</td></tr>
<tr><td>当期純利益</td><td>2,700 [01]</td><td>当期純利益</td><td>2,700</td></tr>
<tr><td>非支配株主に帰属する当期純利益</td><td>200 [02]</td><td>　その他の包括利益</td><td>100 [03]</td></tr>
<tr><td>親会社株主に帰属する当期純利益</td><td>2,500</td><td>包括利益</td><td>2,800</td></tr>
<tr><td></td><td></td><td>親会社株主に係る包括利益</td><td>2,580 [04]</td></tr>
</table>

01)　2,000円 + 1,000円 − 300円 = 2,700円

02)　1,000円 × 20% = 200円

03)　その他有価証券評価差額金の変動額100円　なお、上記は略して表示しています。

04)　2,500円 + 100円 × 80% = 2,580円

19 包括利益 ②

次の各文章の空欄に適切な語句を記入しなさい。

(1) その他の包括利益の内訳項目は、（　ア　）を控除した後の金額で表示する。 ☆

(2) 当期純利益を構成する項目のうち、当期または過去の期間にその他の包括利益に含まれていた部分は、（　イ　）額として、その他の包括利益の内訳項目ごとに注記する。 ☆☆

(3) 包括利益を表示する計算書は、次のいずれかの形式による。連結財務諸表においては、包括利益のうち親会社株主に係る金額及び（　ウ　）株主に係る金額を付記する。

① 当期純利益を表示する連結損益計算書と、包括利益を表示する連結包括利益計算書からなる形式（2計算書方式）

② 当期純利益の表示と包括利益の表示を1つの計算書（連結損益及び包括利益計算書）で行う形式（1計算書方式） ☆☆

解　答

ア	イ	ウ
税効果	組替調整	非支配

▶ **解　説**

(2) 組替調整額には、前期にその他の包括利益に計上されていた部分だけで
　　なく、当期に発生した部分も含まれます。　　　　　　　　　　　　　　★★

> 例題 親会社のその他有価証券（取得原価：1,000円）を当期に売却した。
> 　　税効果は考慮しない。
> 　　　　前 期 末 時 価：1,100円（その他有価証券評価差額金：100円）
> 　　　　売 却 価 額：1,300円（**当期の時価上昇＋200円**）

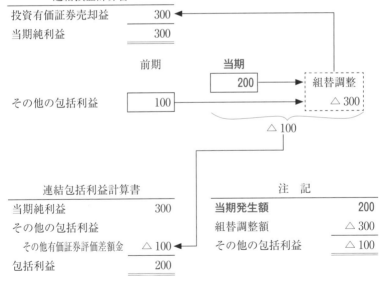

193

次の各文章について、正しければ○を、誤っていれば×を付けなさい。

(1)　包括利益の計算は、当期純利益からの調整計算の形で示すこととなっており、これは包括利益の定義に従った計算過程とは異なっている。　★

(2)　包括利益計算書では、その他の包括利益の内訳項目は税効果を控除する前の金額で表示する。　★★

(3)　「その他の包括利益」とは、包括利益のうち当期純利益に含まれない部分をいうが、連結財務諸表におけるその他の包括利益は、親会社株主に係る部分のみである。　★★★

(4)　包括利益計算書の作成において、当期純利益を構成する項目のうち当期または過去の期間にその他の包括利益に含まれている部分については、その他の包括利益の計算区分から減額する。これをその他の包括利益から当期純利益への組替調整という。　★★

(5)　その他有価証券を売却して売却益を計上すると、その分だけ当期の包括利益が大きくなる。　★★

解　答

(1)	(2)	(3)	(4)	(5)
○	×	×	○	×

➤ 解　説

(1)　包括利益の定義では、純資産の変動額とされています。一方、連結包括利益計算書では、当期純利益にその他の包括利益の内訳項目を加減して包括利益を計算しています。

(2)　その他の包括利益の内訳項目は**税効果を控除した後の金額**で表示します。

(3)　その他の包括利益には、**非支配株主に係る部分**も含まれます。

(5)　損益計算書上、投資有価証券売却益を計上しても、その分、その他の包括利益が減少（**組替調整**）するため、包括利益は大きくなりません。

★★

> **例題** その他有価証券の取得原価：50円、前期末時価：150円、当期に150円で売却した。前期も当期も他に取引はないものとする。
> 税効果は考慮しない。

（前期）

（借）その他有価証券　　　　100　　（貸）その他有価証券評価差額金　　100
　　　　　　　　　　　　　　　　　　　　　その他の包括利益

連結損益計算書		連結包括利益計算書	
…	0	当 期 純 利 益	0
当 期 純 利 益	0	その他の包括利益	100
		包 括 利 益	100

（当期）

（借）その他有価証券評価差額金　　100　　（貸）その他有価証券　　　　100
　　　　その他の包括利益

（借）現 金 預 金　　　　150　　（貸）その他有価証券　　　　50
　　　　　　　　　　　　　　　　　　　　　投資有価証券売却益　　100

連結損益計算書		連結包括利益計算書	
投資有価証券売却益	100	当 期 純 利 益	100
当 期 純 利 益	100	その他の包括利益	△100
		包 括 利 益	0

連結包括利益計算書に計上される「その他の包括利益」と、連結貸借対照表における「その他の包括利益累計額」は、以下の理由で一致しません。

１．増減額と期末残高の違い

　連結包括利益計算書ではその会計期間の**増減額**が記載されます。一方、連結貸借対照表では**期末残高**が記載されます。

> **例題** 親会社のその他有価証券（取得原価：1,000円）に関する資料は次のとおりである。税効果は考慮しない。
>
> 前期末時価：1,400円（その他有価証券評価差額金：400円）
>
> 当期末時価：1,500円（その他有価証券評価差額金：500円）
>
> 当期時価変動：100円（その他有価証券評価差額金：+100円）

連結包括利益計算書	
その他の包括利益	
その他有価証券評価差額金	100

連結貸借対照表	
その他の包括利益累計額	
その他有価証券評価差額金	500

2. 非支配株主持分の取扱い

　子会社が計上したその他の包括利益のうち**非支配株主持分**について、連結包括利益計算書では非支配株主分も含めます。一方、連結貸借対照表では非支配株主持分に振り替えられます。

例題 親会社は、前期末に子会社の発行済株式総数の80%を取得している。子会社のその他有価証券（取得原価：1,400円）に関する資料は次のとおりである。

前期末の非支配株主持分は300円であり、当期の子会社の利益はゼロであった。

　税効果は考慮しない。

前期末時価：1,400円（その他有価証券評価差額金：　0円）

当期末時価：1,500円（その他有価証券評価差額金：100円）

当期時価変動：100円（その他有価証券評価差額金：+100円）

連結包括利益計算書	
その他の包括利益	
その他有価証券評価差額金	100

連結貸借対照表	
その他の包括利益累計額	
その他有価証券評価差額金	80
非支配株主持分	320※

※ 300円 + 100円 × 20% = 320円

その他の包括利益については、連結財務諸表に計上される金額がどういうものか意識して、計算した方がいいですよ。

次の各文章の空欄に適切な語句を記入しなさい。

(1)　連結財務諸表上、退職給付債務から年金資産の額を控除した額（積立状況を示す額という。）を（　ア　）等の適当な科目をもって固定負債に計上する。

　　ただし、年金資産の額が退職給付債務を超える場合には、（　イ　）等の適当な科目をもって固定資産に計上する。　　　　　　　　　　★★★

(2)　連結財務諸表上、未認識数理計算上の差異及び未認識過去勤務費用については、（　ウ　）利益に含めて計上する。　　　　　　　　　　★★★

(3)　その他の包括利益累計額に計上されている未認識数理計算上の差異及び未認識過去勤務費用のうち、当期に費用処理された部分については、その他の包括利益の（　エ　）*を行う。　　　　　　　　　　　　　　　★★

　　※　4文字で解答すること。

(4)　未認識数理計算上の差異及び未認識過去勤務費用については、税効果を調整の上、純資産の部のその他の包括利益累計額に（　オ　）累計額等の適当な科目をもって計上する。　　　　　　　　　　　　　　　★★★

ア	イ	ウ	エ	オ
退職給付に係る負債	退職給付に係る資産	その他の包括	組替調整	退職給付に係る調整

▶ 解 説

　その他有価証券評価差額金は、個別上も純資産に計上されていますが、退職給付に係る調整（累計）額は、連結で新たに計上されます。

★★

> **例題** 当期の退職給付の金額は次のとおりである。（税効果は無視する）
> 　　退職給付債務：10,000円（実績）、年金資産：3,000円（実績）
> 　　未認識数理計算上の差異：500円（借方差異、翌期から償却）
> 　　未認識数理計算上の差異は退職給付債務から生じたものであり、見積額は9,500円であった。

(1)　退職給付に係る負債への振替え

　　（借）退職給付引当金　　　　6,500⁰¹⁾（貸）退職給付に係る負債　　　　6,500

　　　01) 10,000円 − 3,000円 − 500円 = 6,500円

(2)　その他の包括利益の計上

　　（借）退職給付に係る調整(累計)額　　　500　　（貸）退職給付に係る負債　　　　500
　　　　　その他の包括利益

```
        個別貸借対照表                      連結貸借対照表
   ┌──────────────────        ┌──────────────────
   │ 負  債                          │ 負  債
   │ 退職給付引当金   6,500    ➡   │ 退職給付に係る負債   7,000
                                       ├──────────────────
                                       │ 純資産
                                       │ 退職給付に係る調整累計額  △ 500
```

　　　　　　　　　　　　　　　　　連結包括利益計算書
　　　　　　　　　　　　　　当 期 純 利 益　　　×　×
　　　　　　　　　　　　　　退職給付に係る調整額　　△ 500
　　　　　　　　　　　　　　包 括 利 益　　　×　×　×

次の各文章について、正しければ○を、誤っていれば×を付けなさい。

(1) 連結貸借対照表における退職給付に係る負債は、退職給付債務から年金資産の額を控除し、さらに未認識過去勤務費用及び未認識数理計算上の差異を加減して求める。 ★★★

(2) 連結貸借対照表においてその他の包括利益累計額に計上されている未認識数理計算上の差異のうち、個別財務諸表で当期に費用処理された部分についても、そのままその他の包括利益累計額に含めたままとする。 ★★

(3) 退職給付債務から年金資産の額を控除した積立状況を示す額を連結貸借対照表に負債として計上する場合、退職給付引当金として固定負債に計上する。 ★★★

■ ▶ 解 答

(1)	(2)	(3)
×	×	×

➤ 解 説

(1) 連結貸借対照表における退職給付に係る負債は、退職給付債務から年金資産を控除した額とします。

(2) 未認識数理計算上の差異のうち当期に費用処理された部分については、その他の包括利益の**組替調整**が行われます。

(3) **退職給付に係る負債**として計上します。

（参考） 連結上と個別上の退職給付の処理の違い

① 個別上の処理の問題点

退職給付債務－年金資産±未認識数理計算上の差異±未認識過去勤務費用
＝退職給付引当金（前払年金費用）

> **例題** 当期末における退職給付に係る金額は次のとおりであった。
> 税効果は考慮しない。
> 退職給付債務：10,000円（実績）、
> 年金資産：8,000円（実績）、（見積 11,000円）
> 未認識数理計算上の差異：3,000円（借方差異）

個別上の表示

年金資産	退職給付債務
実績：8,000円	実績：10,000円
未認識数理計算上の差異	
3,000円	前払年金費用 1,000円

連結上の表示

年金資産	退職給付債務
実績：8,000円	実績：10,000円
退職給付に係る負債 2,000円	
その他の包括利益 △3,000円	

　退職給付債務の実績額は10,000円、年金資産の実績額は8,000円であり、本来は積立不足として財務諸表に負債を計上すべきです。しかし、未認識数理計算上の差異（借方）が大きいことで、結果として、資産（前払年金費用）が計上されています。これでは、財務諸表利用者の理解を誤らせることになります。

② 連結上の処理

退職給付に係る積立状況をありのまま財務諸表に反映するために、退職給付債務から年金資産の額を控除した額を「退職給付に係る負債」または「退職給付に係る資産」として計上します。

| (借) 退職給付に係る負債 | 1,000 | (貸) 前 払 年 金 費 用 | 1,000 |
| (借) 退職給付に係る調整(累計)額 | 3,000 | (貸) 退職給付に係る負債 | 3,000 |

なお、数理計算上の差異や過去勤務費用は長期にわたり費用処理すべきものであるため、その他有価証券評価差額金と同様にその他の包括利益に計上します。

③ 連結上の処理を個別財務諸表に適用すべきか

本来であれば、連結上と個別上は同じ処理で統一すべきです。しかし、個別上は、当面の間、その他の包括利益を貸借対照表上、認識しません。

その理由の１つとして、分配可能額の問題があります。分配可能額の計算は会社法で規定されていますが、その他有価証券評価差額金が借方残高の場合には、その分、分配可能額が減ります。

もし、退職給付に係る調整（累計）額が大きく借方残高になった場合には、分配可能額が低くなり、株主への配当が少なくなる可能性があります。

そのため、個別上の処理と連結上の処理は以下のように異なります。

	個別貸借対照表	連結貸借対照表
積立状況	退職給付債務－年金資産－未認識の差異	退職給付債務－年金資産
未認識の差異	計上しない	その他の包括利益として計上

なお、損益計算書については、差異を一定期間にわたり費用化する点で個別上の処理と連結上の処理は同じとなります。

次の各文章の空欄に適切な語句を記入しなさい。

(1) 在外支店における外貨建取引については、原則として、（　ア　）と同様に処理する。ただし、次の方法によることができる。

① 収益及び費用の換算の特例

収益及び費用（収益性負債の収益化額及び費用性資産の費用化額を除く）の換算については、（　イ　）相場によることができる。

② 換算差額の処理

本店と異なる方法により換算することによって生じた換算差額は、当期の（　ウ　）として処理する。

(2) 外国にある子会社の財務諸表項目の換算は、次の方法による。

① 資産及び負債

資産及び負債については、（　エ　）時の為替相場による円換算額を付する。

② 資本

親会社による株式の取得時における資本に属する項目については、株式（　オ　）時の為替相場による円換算額を付する。

親会社による株式取得後に生じた資本に属する項目については、当該項目の（　カ　）時の為替相場による円換算額を付する。

③ 収益及び費用

収益及び費用については、原則として、（　キ　）相場による円換算額を付する。ただし、決算時の為替相場による円換算額を付すことを妨げない。

なお、親会社との取引による収益及び費用の換算については、親会社が換算に用いる為替相場による。この場合に生じる差額は当期の（　ク　）として処理する。

④ 貸借対照表の換算によって生じた換算差額については、(ケ) として貸借対照表の純資産の部に記載する。　　　　★★★

(3) 在外子会社の外貨建てのれんの期末残高は (コ) 時の為替相場で換算し、当期償却額は、原則として、(サ) 相場により換算する。　　★

▶ 解 答

ア	イ	ウ	エ	オ
本　店	期中平均	為替差損益	決　算	取　得
カ	キ	ク	ケ	コ
発　生	期中平均	為替差損益	為替換算調整勘定	決　算

サ
期中平均

➤ 解 説

(1) 費用性資産の費用化額としては、例えば固定資産の減価償却費が該当し、固定資産の取得日の為替相場で換算します。

収益性負債の収益化額としては、例えば前受金が該当し、負債の発生日の為替相場で換算します。

(3) 外貨建てのれんは親会社の投資の中に含まれるという考え方と、在外子会社に帰属するという考え方の2つの考え方があります。基準では在外子会社に帰属すると考え、在外子会社の他の資産と同様に決算時の為替相場で換算し、償却額も他の費用と同様に期中平均相場で換算します。そして、のれんの換算差額を為替換算調整勘定として処理します。

21 在外支店、在外子会社の財務諸表の換算 ②

次の各文章について、正しければ○を、誤っていれば×を付けなさい。

⑴ 在外支店における外貨建取引については、原則として本店と同様に処理するので、取引発生時の為替相場で換算する。

ただし、収益及び費用（収益性負債の収益化額及び費用性資産の費用化額を除く。）の換算について、決算時の為替相場によることができる。 ★

⑵ 在外支店の財務諸表の換算において、換算のパラドックスが生じることがある。 ★★

⑶ 在外子会社の貸借対照表の換算によって生じた換算差額は、当期の為替差損益として処理する。 ★★★

⑷ 為替換算調整勘定は、連結貸借対照表の資産の部または負債の部に表示する。 ★★★

解 答

(1)	(2)	(3)	(4)
×	○	×	×

解 説

(1) 在外支店の収益及び費用の換算については、**期中平均相場**によることができます。設問前段についてはその通りです。

(2) 換算のパラドックスとは、外貨建財務諸表では利益（または損失）が生じているにもかかわらず、円換算後財務諸表では損失（または利益）になることをいいます。

(3) 貸借対照表の換算差額については、**為替換算調整勘定**とします。

(4) 為替換算調整勘定は、**純資産の部のその他の包括利益累計額**の区分に表示します。

（参考）　在外支店と在外子会社で換算方法が異なる理由　

　在外支店の財務諸表は個別財務諸表の構成要素となるため、本店の換算方法と同じ方が望ましいです。

　一方、在外子会社は支配されているものの、在外支店と比べると独立した事業体としての性格が強く、本店と同様に換算することが難しいです。そのため、換算方法が異なります。

　なお、在外支店の場合、損益計算書で別個に為替差損益を把握するため、当期純利益を貸借対照表から移記し、貸借差額で為替差損益を計算します。

次の各文章の空欄に適切な語句を記入しなさい。

(1) 投資会社が被投資会社の資本及び損益のうち投資会社に帰属する部分の変動に応じて、その投資の額を連結決算日ごとに修正する方法を（　ア　）という。　★★

(2) 非連結子会社及び（　イ　）に対する投資については、原則として持分法を適用する。　★

(3) 持分法を適用する場合、投資会社の投資日における投資とこれに対応する被投資会社の資本との間に差額がある場合には、その差額は（　ウ　）または（　エ　）とし、（　ウ　）は投資に含めて処理する。　★

(4) 投資会社は、投資の日以降における被投資会社の利益または損失のうち投資会社の持分または負担に見合う額を算定して、（　オ　）の額を増額または減額し、その増減額を当期純利益の計算に含める。　★

(5) 連結財務諸表上、持分法による投資損益は、（　カ　）収益または（　カ　）費用の区分に一括して表示する。　★

ア	イ	ウ	エ	オ
持 分 法	関連会社	のれん	負ののれん	投 資
カ				
営業外				

▶ 解 説

(2) 持分法の適用範囲 ☆

持分法を適用
する会社
├─ 非連結子会社 ・子会社ではあるが、連結子会社としなかった会社 (重要性が乏しい、支配が一時的など)
│
└─ 関連会社 ・議決権の 20%以上保有
・議決権の 15%以上 20%未満保有し、一定の要件*1 を満たす場合など

＊1 投資会社の役員または使用人で、関連会社の財務及び営業または事業の方針の決定に影響を与えることができる者が、関連会社の代表取締役または取締役である場合などです。

(3) 負ののれんが生じた場合、発生年度に**全額を持分法による投資損益で処理**します。

(借)関 連 会 社 株 式 ×××　(貸)持分法による投資損益 ×××

（参考）　連結と持分法の違い

　子会社として連結する場合、親会社と子会社の財務諸表を合算した上で子会社の資本のうち親会社以外の持分を非支配株主持分に振り替えます。

　一方、持分法の場合、被投資会社の財務諸表を合算せずに投資会社の持分（の増加）のみを投資勘定に反映させます。

　例えば、当期に**子会社**（持分割合 80%）の資産が 1,000 円増加し、当期純利益が 1,000 円発生した場合、連結する場合の影響額は次のとおりとなります。（他に連結子会社があり連結財務諸表を作成するとします）

連結損益計算書		連結貸借対照表		
親会社株主に帰属する当期純利益　+ 800	諸資産	+1,000	利益剰余金	+ 800
			非支配株主持分	+ 200

　仮に持分法を適用した場合、連結損益計算書の科目は持分法による投資利益となりますが最終的には親会社株主に帰属する当期純利益に反映されます。

連結損益計算書		連結貸借対照表	
親会社株主に帰属する当期純利益　+ 800	投資勘定	+ 800	利益剰余金　+ 800

　連結する場合には子会社の財務諸表を合算するため、企業グループの財政状態（資産、負債）や経営成績（収益、費用）がくわしくわかります。

　一方、持分法を適用した場合には、連結Ｐ／Ｌでは持分法による投資利益の１項目に、連結Ｂ／Ｓでは投資勘定の１項目に集約されるため、企業グループの財政状態や経営成績がくわしくわかりません。

　子会社（被投資会社）を支配している場合には連結でくわしく表し、影響力は持つものの支配するまでに至らない場合には簡便的な持分法で処理します。

（参考） 会計学の理論 ★★★

　会計学の理論を分類すると、主に以下の３つに分類されます。

① **会計学の基礎理論**：
　　発生主義の原則、費用収益対応の原則などの会計理論や、概念フレームワークといった会計基準の基礎となる考え方

② **会計基準**：
　　特定の取引の会計処理や表示を定めたルール

③ **会計制度**：
　　会社法、金融商品取引法による財務諸表その他関連書類の作成ルールや、作成期限などを定めた法律

　会計処理の背景には、会計基準の趣旨や基本的な考え方があります。また、会計基準が定められていない取引についても、より深くに基礎理論が背景にあります。

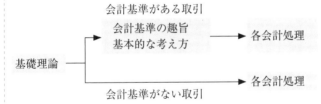

　また、実務で財務諸表作成者の必要な知識として、会計制度を学習することも大事です。

次の各文章の空欄に適切な語句または数字を記入しなさい。

(1) 連結キャッシュ・フロー計算書が対象とする資金の範囲は、（　ア　）とする。

　① 現金とは、（　イ　）及び要求払預金をいう。
　　要求払預金には、例えば、当座預金、普通預金、通知預金が含まれる。

　② 現金同等物とは、容易に換金可能であり、かつ、価値の変動について僅少なリスクしか負わない（　ウ　）をいう。
　　現金同等物には、例えば、取得日から満期日または償還日までの期間が（　エ　）カ月以内の短期投資である定期預金等が含まれる。　　★★

(2) 連結キャッシュ・フロー計算書の作成にあたり、「営業活動によるキャッシュ・フロー」の区分を、「税金等調整前当期純利益」から記載していく方法は、（　オ　）という。　　★★★

(3) キャッシュ・フロー計算書の「営業活動によるキャッシュ・フロー」の表示方法において、営業収入、原材料または商品の仕入れによる支出等、主要な取引ごとにキャッシュ・フローを総額表示する方法を（　カ　）という。　　★★★

(4) キャッシュ・フロー計算書において、固定資産の取得及び売却、投資有価証券の取得及び売却等によるキャッシュ・フローについては（　キ　）によるキャッシュ・フローの区分に記載する。　　★★

ア	イ	ウ	エ	オ
現金及び現金同等物	手許現金	短期投資	3	間接法
カ	キ			
直接法	投資活動			

► 解 説

(1) 資金の範囲

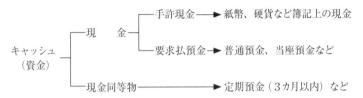

簿記上の現金には預金が含まれませんが、キャッシュ・フロー計算書上の現金には預金が含まれます。

(2)(3)「営業活動によるキャッシュ・フロー」は、次のいずれかの方法により表示します。

① 直接法:主要な取引ごとにキャッシュ・フローを総額表示する方法

② 間接法:税金等調整前当期純利益に非資金損益項目、営業活動に係る資産及び負債の増減、「投資活動によるキャッシュ・フロー」及び「財務活動によるキャッシュ・フロー」の区分に含まれる損益項目を加減して表示する方法

次の各文章の空欄に適切な語句を記入しなさい。

(1) キャッシュ・フロー計算書において、自己株式の取得による支出は、
（ ア ）活動によるキャッシュ・フローの区分に記載する。　　　　★★

(2) 利息及び配当金に係るキャッシュ・フローは、次のいずれかの方法により記載する。

① 受取利息、受取配当金及び支払利息は「（ イ ）活動によるキャッシュ・フロー」の区分に記載し、支払配当金は「（ ウ ）活動によるキャッシュ・フロー」の区分に記載する方法。

② 受取利息、受取配当金は「投資活動によるキャッシュ・フロー」の区分に記載し、支払利息及び支払配当金は「財務活動によるキャッシュ・フロー」の区分に記載する方法。　　　　★★

ア	イ	ウ
財　務	営　業	財　務

▶ 解 説

(2) 利息及び配当金に係るキャッシュ・フロー

① 財務諸表との関連を重視した区分方法、②活動との関連を重視した区分方法の2つがあります。

① 財務諸表との関連を重視した区分方法では、「受取利息」「受取配当金」「支払利息」は損益計算に反映されるため「営業活動によるキャッシュ・フロー」に記載し、「支払配当金」は損益計算に反映されないため「財務活動によるキャッシュ・フロー」に記載します。

② 活動との関連を重視した区分方法では、「受取利息」「受取配当金」は投資活動の成果であるため「投資活動によるキャッシュ・フロー」に記載し、「支払利息」「支払配当金」は財務活動上のコストであるため「財務活動によるキャッシュ・フロー」に記載します。

	第1法	第2法
営業活動	受取利息・受取配当金・支払利息	－
投資活動	－	受取利息・受取配当金
財務活動	支払配当金	支払利息・支払配当金

次の各文章について、正しければ○を、誤っていれば×を付けなさい。

(1) 当座預金、普通預金は、キャッシュ・フロー計算書の現金となる。 ★★

(2) 定期預金は、すべてキャッシュ・フロー計算書の現金同等物に含まれる。 ★★

(3) キャッシュ・フロー計算書の「現金及び現金同等物」の期末残高と、貸借対照表の「現金及び預金」は、必ず一致する。 ★★

(4) キャッシュ・フロー計算書の「営業活動によるキャッシュ・フロー」の区分を間接法で作成した場合、売上債権及び棚卸資産の減少はキャッシュ・フローの減少要因となり、仕入債務の減少はキャッシュ・フローの増加要因となる。 ★★

(1)	(2)	(3)	(4)
○	×	×	×

▶ **解 説**

(2) **預入期間が3カ月超**の定期預金は、現金同等物に含まれません。

(3) 両者は一致しない場合もあります。例えば、預入期間が3カ月を超える定期預金 [01] は、B／Sの現金及び預金には含まれますが、C／Fの現金同等物には含まれません。

> 01) 満期日が翌期中に到来するもの（流動資産）に限ります。なお、預入期間が3カ月以内の定期預金は、C／Fの現金同等物とB／Sの現金及び預金の両方に含まれます。

なお、C／Fの現金及び現金同等物の残高と、B／Sの現金及び預金との関係は、注記します。

現金及び預金勘定	8,000 円
預入期間が3カ月を超える定期預金	△ 300 円
現金及び現金同等物	7,700 円

(4) **売上債権・棚卸資産の減少**は、それだけ多く資金を回収したことになるため、キャッシュ・フローの**増加**要因となります。

また、**仕入債務の減少**は、それだけ多く資金を支払ったことになるため、キャッシュ・フローの**減少**要因となります。

次の各文章について、正しければ〇を、誤っていれば×を付けなさい。

(1)　連結キャッシュ・フロー計算書の「営業活動によるキャッシュ・フロー」の区分には、営業損益計算の対象となった取引からのキャッシュ・フローのみを記載する。　　　　　　　　　　　　　　　　　　　　　　　★

(2)　キャッシュ・フロー計算書の作成に当たり、資金の範囲には、市場価格のある有価証券も含まれる。　　　　　　　　　　　　　　　　　　　　★

(3)　キャッシュ・フロー計算書において、資金自体に生じた換算差額は、投資活動によるキャッシュ・フローの区分に表示される。　　　　　　　★★

(4)　連結キャッシュ・フロー計算書において、子会社株式の追加取得から生じたキャッシュ・フローは、投資活動によるキャッシュ・フローの区分に表示される。　　　　　　　　　　　　　　　　　　　　　　　　　　　★

(5)　キャッシュ・フロー計算書の財務活動からのキャッシュ・フローの表示において、短期借入れによる収入と返済による支出及び長期借入れによる収入と返済による支出は、必ず総額で表示しなければならない。　　　　★

(1)	(2)	(3)	(4)	(5)
×	×	×	×	×

▶ 解 説

(1) 連結キャッシュ・フロー計算書の「営業活動によるキャッシュ・フロー」の区分には、営業損益計算の対象となった取引のほか、投資活動及び財務活動以外の取引 [01] によるキャッシュ・フローも記載します。

  01) 災害保険金の受取り、損害賠償金の支払い、**法人税等の支払い**などが該当します。

(2) 現金同等物とは、容易に換金可能であり、かつ、価値の変動について僅少なリスクしか負わない短期投資をいいます。市場価格のある有価証券は容易に換金が可能であっても**価値変動リスクが僅少とはいえず現金同等物に該当しない**ため、資金の範囲に含まれません。

(3) キャッシュ・フロー計算書において、資金自体に生じた換算差額は「**Ⅳ 現金及び現金同等物に係る換算差額**」の区分に表示します。

(4) 子会社株式の追加取得に係るキャッシュ・フローについては、**非支配株主との取引**であり、「**財務活動によるキャッシュ・フロー**」の区分に表示します。

  なお、**支配獲得に伴う子会社株式の取得は新規の投資**であり、「**投資活動によるキャッシュ・フロー**」の区分に記載します。

(5) 期間が短く、かつ、回転が速い項目に係るキャッシュ・フローについては、**純額で表示することができます**。例えば、短期間に連続して借入金の借換えが行われる場合、総額表示するとキャッシュ・フローの金額が大きくなり、財務諸表利用者の判断を誤らせるおそれがあるからです。

次の各文章の空欄に適切な語句または数字を記入しなさい。

(1) 会社法では、すべての株式会社について、各事業年度に係る（　ア　）と、附属明細書を作成しなければならない。

　　（　ア　）とは、貸借対照表、損益計算書、株主資本等変動計算書、個別注記表である。　　　　　　　　　　　　　　　　　　　　　　　　　　　★★

(2) 会社法では、会社法上の大会社に該当する場合、計算書類について会計監査人による監査を受けなければならない。

　　会社法上の大会社とは、貸借対照表における資本金の額が（　イ　）億円以上または、負債の額が（　ウ　）億円以上の会社をいう。　　　　★★

(3) 会社法上の大会社で、かつ、有価証券報告書を提出（証券取引所に上場している株式会社など）している場合には、各事業年度に係る（　エ　）と、連結附属明細書を作成しなければならない。

　　（　エ　）とは、連結貸借対照表、連結損益計算書、連結株主資本等変動計算書、連結注記表である。　　　　　　　　　　　　　　　　　　　　★★

(4) 会社法では、連結計算書類について会計監査人による（　オ　）を受けなければならない。　　　　　　　　　　　　　　　　　　　　　　　　　　★★

(5) 会社法では、取締役会を設置している会社の場合、株主総会の招集の通知に際して、株主に対し、取締役会の承認を受けた（　カ　）※を提供しなければならない。　　　　　　　　　　　　　　　　　　　　　　　　　　　★

　　※4文字で解答すること。

ア	イ	ウ	エ	オ
計算書類	5	200	連結計算書類	監 査

カ
計算書類

▶ 解 説

(1) 「会社法 第435条 第2項」、「会社計算規則 第59条 第1項」

　　キャッシュ・フロー計算書は、計算書類に含まれません。

　　なお、附属明細書には、有形固定資産及び無形固定資産の明細、引当金の明細、販売費及び一般管理費の明細を記載します。

(2) 「会社法 第328条」、「会社法 第2条 第6号」

　　なお、大会社でなくても、会計監査人を設置した場合には、会計監査を受けなければなりません。

(3) 「会社法 第444条 第3項」、「会社計算規則 第61条 第1号」

　　連結キャッシュ・フロー計算書及び連結包括利益計算書は、連結計算書類に含まれません。

　　なお、計算書類及び連結計算書類については、四半期財務諸表を作成する必要はなく、期末の財務諸表のみ作成します。

(4) 「会社法 第444条 第4項」

(5) 「会社法 第437条」、「会社法 第444条 第6項」

(1) 個別財務諸表 ★★

連結財務諸表を作成しておらず個別財務諸表のみを作成している会社の財務諸表は次のとおりです。

会 社 法	金融商品取引法
計算書類等 [01]	財務諸表
貸借対照表	貸借対照表
損益計算書	損益計算書
株主資本等変動計算書	株主資本等変動計算書
－	キャッシュ・フロー計算書
個別注記表	注記
附属明細書	附属明細表

01) 附属明細書は計算書類に含まれないため、「等」を付けています。

⑵ 連結財務諸表　★★

　会社法における連結計算書類と、金融商品取引法における連結財務諸表は次のとおりです。

会　社　法	金融商品取引法
連結計算書類等 [03)]	連結財務諸表
連結貸借対照表	連結貸借対照表
連結損益計算書	連結損益計算書 [02)]
連結株主資本等変動計算書	連結株主資本等変動計算書
－	**連結包括利益計算書** [02)]
－	**連結キャッシュ・フロー計算書**
連結注記表	連結注記
連結附属明細書	連結附属明細表

02)　1計算書方式による場合、連結損益及び連結包括利益計算書となります

03)　連結附属明細書は連結計算書類に含まれないため、「等」を付けています。

　なお、会社法会計の目的は株主と債権者の利害調整であり、金融商品取引法会計の目的は投資家保護です。

次の各文章の空欄に適切な語句を記入しなさい。

⑴ 金融商品取引法では、主に証券取引所に上場している会社について、（　ア　）を各事業年度終了後3カ月以内に内閣総理大臣に提出することを義務付けている。

　（　ア　）には企業のさまざまな情報が記載されるが、その中の「経理の状況」において、財務諸表が記載される。　　　　　　　　　★★

⑵ 有価証券報告書において作成する財務諸表は、個別財務諸表の場合、貸借対照表、損益計算書、株主資本等変動計算書、（　イ　）計算書であり、これらの他に注記と附属明細表が記載される。　　　　　　　　　★★

⑶ 有価証券報告書において作成する財務諸表は、連結財務諸表の場合、連結貸借対照表、連結損益計算書、連結株主資本等変動計算書、連結キャッシュ・フロー計算書、（　ウ　）計算書（二計算書方式の場合）であり、これらの他に連結注記と連結附属明細表が記載される。　　　　　　　　　★★

⑷ 有価証券報告書における財務諸表（連結財務諸表などを含む）については、公認会計士または監査法人の（　エ　）が義務付けられている。　★

ア	イ	ウ	エ
有価証券報告書	キャッシュ・フロー	連結包括利益	監　査

➤　解　説

⑴　内閣総理大臣に提出された有価証券報告書は、電子開示システム「EDINET」でだれでも閲覧可能となっています。

⑵⑶　有価証券報告書における個別財務諸表には、キャッシュ・フロー計算書が含まれます。また、連結財務諸表には、連結キャッシュ・フロー計算書、連結包括利益計算書（二計算書方式の場合）が含まれます。

(参考)　四半期財務諸表について

　　主に証券取引所に上場している会社については、金融商品取引法において、会計期間の期末に係る有価証券報告書の他に、各四半期会計期間の期末に係る四半期報告書を提出し、その中で四半期財務諸表を作成することを義務付けています。

　　しかし、四半期報告書は会社の事務負担が大きいため廃止され、2024年4月より半期報告書（半年ごとの報告書）に変更される予定です。ただし、金融商品取引法とは別に、各証券取引所の規則では四半期決算の速報として四半期決算短信を作成することを義務付けており、その中に四半期財務諸表を記載する必要があります。

　　そのため、四半期報告書が廃止になっても、四半期決算短信の方で四半期財務諸表を作成する必要があります。

次の各文章の空欄に適切な語句または数字を記入しなさい。

(1)「四半期会計期間」とは、1連結会計年度または1事業年度を（　ア　）か月ごとに区分した期間をいう。　★★

(2)　四半期連結財務諸表の範囲は、次のとおりである。
　1計算書方式による場合
　四半期連結貸借対照表、四半期連結（　イ　）及び包括利益計算書、四半期連結キャッシュ・フロー計算書
　2計算書方式による場合
　四半期連結貸借対照表、四半期連結損益計算書、四半期連結包括利益計算書、四半期連結キャッシュ・フロー計算書　★

(3)　四半期個別財務諸表の範囲は、次のとおりである。
　四半期個別貸借対照表、四半期個別損益計算書、
　四半期個別（　ウ　）計算書。
　ただし、四半期連結財務諸表を開示する場合には、四半期個別財務諸表の開示は要しない。　★

(4)　四半期財務諸表の開示対象期間は次のとおりである。
　①　四半期会計期間の末日の四半期貸借対照表及び前年度の末日の要約貸借対照表。
　②　期首からの（　エ　）期間の四半期損益及び包括利益計算書（四半期損益計算書及び四半期包括利益計算書）、前年度における対応する期間の四半期損益及び包括利益計算書（四半期損益計算書及び四半期包括利益計算書）。
　③　期首からの（　エ　）期間の四半期キャッシュ・フロー計算書及び前年度における対応する期間の四半期キャッシュ・フロー計算書。　★★

ア	イ	ウ	エ
3	損　益	キャッシュ・フロー	累　計

▶ 解 説

(2) 連結上でも、個別上でも、**四半期の株主資本等変動計算書は作成しません**。

　　なお、四半期財務諸表を作成するのは、主に証券取引所に株式を上場している会社です。会社法では四半期財務諸表を作成することを規定していません。

(4) 4月から3月までを年度の会計期間とした場合、第1四半期は4月から6月まで、第2四半期は7月から9月まで、第3四半期は10月から12月までとなります。

　　例えば、第3四半期の連結財務諸表の場合、四半期連結損益計算書については期首からの累計期間（4月1日から12月31日まで）をもとに作成し、四半期連結貸借対照表については、四半期会計期間の末日（12月31日）をもとに作成します。

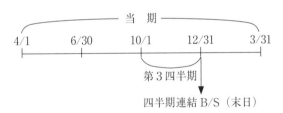

次の各文章について、正しければ○を、誤っていれば×を付けなさい。

(1) 会社法上の連結計算書類には、連結キャッシュ・フロー計算書も含まれる。　★★

(2) 四半期財務諸表には、株主資本等変動計算書も含まれる。　★★

(3) 金融商品取引法上の連結財務諸表については、1計算書方式による連結損益及び包括利益計算書の開示が求められ、2計算書方式による連結損益計算書及び連結包括利益計算書の開示は認められない。　★★

(4) 金融商品取引法上の四半期連結財務諸表については、四半期会計期間が四半期連結損益計算書の開示対象期間とされ、期首からの累計期間に係る四半期連結損益計算書を作成する必要はない。　★★

(5) 金融商品取引法に基づき四半期連結財務諸表を作成・開示する会社は、四半期個別財務諸表を作成・開示する必要はない。　★★

(1)	(2)	(3)	(4)	(5)
×	×	×	×	○

▶ 解 説

(1) 会社法における連結計算書類は、連結キャッシュ・フロー計算書は含まれません。

(2) 四半期財務諸表には、株主資本等変動計算書は含まれません。なお、株主資本の金額に著しい変動があった場合には、主な変動事由を注記しなければなりません。

(3) 2計算書方式による開示も認められています。

(4) 四半期連結損益計算書の開示対象期間は、期首からの累計期間です。なお、累計期間と合わせて、その四半期会計期間を開示することもできます。

   例えば、3月を期末とした場合の第三四半期では、4月から12月までの累計期間の連結損益計算書と合わせて、10月から12月までの四半期会計期間の連結損益計算書を開示することもできます。

(5) 四半期連結財務諸表を作成・開示する会社は、四半期個別財務諸表を作成・開示する必要はありません。

次の各文章について、正しければ○を、誤っていれば×を付けなさい。

(1)　四半期財務諸表の性格付けについては、「実績主義」と「予測主義」という考え方があるが、わが国では「予測主義」に基づいており、開示の迅速性が求められる四半期財務諸表では簡便的な会計処理も認められている。　　　　　　　　　　　　　　　　　　　　　　　　　　　　　　　　★★

(2)　四半期連結財務諸表の範囲は、四半期連結貸借対照表、四半期連結損益計算書、四半期連結キャッシュ・フロー計算書である。　　　　　　　★★

(3)　四半期連結財務諸表の作成にあたっては、税金費用の計算について、原則として年度決算と同様の方法によって計算しなければならない。

　　ただし、財務諸表利用者の判断を誤らせない限り、税引前四半期純利益に年間見積実効税率を乗じて計算する方法も認められる。　　　　　　　★

(4)　わが国の制度会計は、会社法による会計、金融商品取引法による会計及び法人税法による会計に分類される。

　　会社法による会計は、株主と債権者の利害調整を主な目的とし、剰余金の分配を規制（分配可能額の規制）している。金融商品取引法による会計は、一般投資者の保護を主な目的とし、企業内容開示を重視している。　★

(1)	(2)	(3)	(4)
×	×	○	○

➤ 解 説

(1) 四半期財務諸表の性格付けについては、わが国では**実績主義**に基づいています。

　実績主義とは、四半期会計期間を年度と並ぶ一会計期間とみた上で、四半期財務諸表を、原則として年度の財務諸表と同じ会計方針を適用して作成することにより、四半期会計期間に係る企業集団または企業の財政状態、経営成績及びキャッシュ・フローの状況に関する情報を提供するという考え方です。

　予測主義とは、四半期会計期間を年度の一構成部分と位置付けて、四半期財務諸表を、年度の財務諸表と部分的に異なる会計方針を適用して作成することにより、当該四半期会計期間を含む年度の業績予測に資する情報を提供するという考え方です。

(2) 四半期連結財務諸表の範囲には、**四半期連結包括利益計算書**も含まれます。

(3) 税金費用の計算について、原則として年度決算と同様の方法によって計算しますが、税引前四半期純利益に**年間見積実効税率**を乗じて計算する方法も認められています。

（参考）　四半期財務諸表の税金費用の計算

（1）　**原則**

　年度決算と同様に、四半期会計期間における利益をもとに所得を計算し、四半期会計期間が負担する税額を計上します。

　繰延税金資産と繰延税金負債についても、年度決算と同様に、四半期末における一時差異について、回収可能性を検討した上で計上します。

（2）　**容認**

　四半期会計期間を含む**年度の税効果適用後の実効税率**を合理的に見積り、税引前四半期純利益に見積実効税率を乗じて計算することができます。

　見積実効税率とは、当四半期会計期間を含む年度の税引前当期純利益に対する税効果会計適用後の税金費用の負担率を合理的に見積もったものをいいます。

見積実効税率： $\dfrac{\text{予想年間税金費用}^{01}}{\text{予想年間税引前利益}}$

01）　予想年間税金費用＝（予想年間税引前利益±永久差異）×実効税率−税額控除※

法人税等：税引前四半期純利益×見積実効税率

　　　※　税額控除とは、課税所得に税率を掛けて計算した税額から税法の規定で差し引
　　　　くことができる金額をいいます。なお、本書では税額控除については割愛し
　　　　ています。

例題 第1四半期の法人税等の計算にあたり、税金費用を容認処理で計上する。

① 年度の予想税引前当期純利益：1,000円
年度で発生する予定の永久差異：交際費の損金不算入100円
法人税等の実効税率：30%
当期の税額控除はないものとする。

② 第1四半期の税引前四半期純利益：200円

① 予想年間税金費用：（1,000円 + 100円）× 30% = 330円

② 見積実効税率：$\dfrac{330\ 円}{1,000\ 円} = 33\%$

③ 税金費用：200円 × 33% = 66円

（借）法人税,住民税及び事業税　　　　66　（貸）未 払 法 人 税 等　　　　66

次の各文章の空欄に適切な語句または数字を記入しなさい。

(1) 「将来の期間に影響する特定の費用」は、その効果が及ぶ期間に合理的に配分するため、経過的に貸借対照表上、（　ア　）として計上することができる。

　「将来の期間に影響する特定の費用」とは、すでに対価の支払が完了しまたは支払義務が確定し、これに対応する役務の提供を受けたにもかかわらず、その効果が将来にわたって発現するものと期待される費用をいう。　★

(2) 株式交付費（新株の発行または（　イ　）の処分に係る費用）は、原則として、支出時に営業外費用として費用処理する。

　ただし、株式交付費を繰延資産に計上することができる。この場合、株式交付のときから（　ウ　）年以内のその効果の及ぶ期間にわたって、償却をしなければならない。　★★

(3) 社債発行費は、原則として、支出時に（　エ　）費用として費用処理する。

　ただし、社債発行費を繰延資産に計上することができる。この場合、社債の償還までの期間にわたり償却をしなければならない。　★

(4) 創立費は、原則として、支出時に営業外費用として費用処理する。

　ただし、創立費を繰延資産に計上することができる。この場合、会社の設立のときから（　オ　）年以内のその効果の及ぶ期間にわたって、償却をしなければならない。　★

(5) 開業費は、原則として、支出時に（　カ　）費用として費用処理する。

　ただし、開業費を繰延資産に計上することができる。この場合、開業のときから5年以内のその効果の及ぶ期間にわたって、償却をしなければならない。なお、開業費を販売費及び一般管理費として処理することができる。　★

(6) 開発費は、原則として、支出時に（　キ　）または販売費及び一般管理費として費用処理する。

　　ただし、開発費を繰延資産に計上することができる。この場合、支出のときから5年以内のその効果の及ぶ期間にわたって償却しなければならない。　　　　　　　　　　　　　　　　　　　　　　　　　　　　　　　　★

■ 解　答

ア	イ	ウ	エ	オ
繰延資産	自己株式	3	営業外	5
カ	キ			
営業外	売上原価			

▶ 解　説

(1) 繰延資産となる項目については、原則、費用処理であるため、問題文に処理方法の指示が無ければ費用処理します。

　　なお、実際には繰延資産として計上すると、財務諸表の利用者から費用処理する体力もない会社とみられることがあるため、繰延資産として計上する会社は多くありません。

(6) 開発費とは、新技術または新経営組織の採用、資源の開発、市場の開拓等のために支出した費用、生産能率の向上または生産計画の変更等により、設備の大規模な配置替えを行った場合等の費用をいいます。

　　「研究開発費等に係る会計基準」における研究開発費とは範囲が異なります。研究開発費は繰延資産として計上することはできません。

(参考)

　　社債発行費を除き、償却期間は、3文字5年、5文字3年と覚えましょう。

次の各文章について、正しければ○を、誤っていれば×を付けなさい。

(1) 繰延資産として資産計上できるのは、研究開発費の他、自己株式の取得費用ならびに処分費用などである。 ★★

(2) 支出の効果が期待されなくなった繰延資産は、その未償却残高を一時に償却しなければならない。 ★★

(3) 役員（取締役、会計参与、監査役または執行役）に対する報酬は発生した会計期間の費用として処理するが、役員に対する賞与は剰余金処分により繰越利益剰余金の減少として処理しなければならない。 ★

(4) 「役員賞与に関する会計基準」によると、株主総会の承認を要する役員賞与は、配当と同様、剰余金の処分の一項目とされ、役員賞与引当金を計上することは認められていない。 ★

(5) 1株当たり当期純利益（または当期純損失）及び1株当たり純資産額は、注記しなければならない。なお、1株当たり当期純利益は、普通株式に係る当期純利益を普通株式の期中平均株式数で除して算定する。 ★

(1)	(2)	(3)	(4)	(5)
×	○	×	×	○

➤ **解 説**

(1) 研究開発費と自己株式の取得費用は、繰延資産に計上することはできません。

(2) 繰延資産を計上するのは将来獲得する収益と対応させ、適正な期間損益計算を行うためです。そのため、支出の効果が期待されない場合、繰延べる必要がないため、未償却残高を全額償却しなければなりません。

(3) 役員賞与は、発生した会計期間の費用として処理します。

(4) 役員賞与は、剰余金の処分ではなく、発生した期間の費用として処理します。そのため、当期に発生した役員賞与について翌期以降に支払う場合には、**役員賞与引当金**を計上します。

(5) 1株当たり情報は、その企業の経営成績の期間比較及び企業間比較を可能にし、投資家の投資判断に役立つため開示します。

次の各文章の空欄に適切な語句を記入しなさい。

⑴ 「概念フレームワーク」では、財務報告の目的を「投資家による企業成果の予測と（　ア　）の評価に役立つような、企業の財務状況の開示」にあるとしている。　　　　　　　　　　　　　　　　　　　　　　★★

⑵ 「概念フレームワーク」における「企業の財務状況の開示」とは、企業の（　イ　）のポジションとその成果を開示することである。　　　　★

⑶ 概念フレームワークでは、貸借対照表及び損益計算書の構成要素について定義されている。

　① 資産

　　資産とは、過去の取引または事象の結果として、報告主体が支配している（　ウ　）をいう。　　　　　　　　　　　　　　　　　　★★★

　② 負債

　　負債とは、過去の取引または事象の結果として、報告主体が支配している（　ウ　）を放棄もしくは引き渡す義務、またはその同等物をいう。　★

　③ 純資産

　　純資産とは、資産と負債の（　エ　）をいう。　　　　　　　　　　★

　④ 株主資本

　　純資産のうち報告主体の所有者である（　オ　）に帰属する部分をいう。　　　　　　　　　　　　　　　　　　　　　　　　　　　　　★

　⑤ 純利益

　　純利益とは、特定期間の期末までに生じた純資産の変動額のうち、その期間中にリスクから解放された（　カ　）の成果であって、報告主体の所有者に帰属する部分をいう。　　　　　　　　　　　　　　　★

⑥ 収益

　　収益とは、純利益または非支配株主に帰属する当期純利益を増加させる項目であり、特定期間の期末までに生じた資産の増加や負債の減少に見合う額のうち、（　キ　）のリスクから解放された部分をいう。　　　★

⑦ 費用

　　費用とは、純利益または非支配株主に帰属する当期純利益を減少させる項目であり、特定期間の期末までに生じた資産の減少や負債の増加に見合う額のうち、（　キ　）のリスクから解放された部分をいう。　　　★

▶ 解　答

ア	イ	ウ	エ	オ
企業価値	投　資	経済的資源	差　額	株　主

カ	キ
投　資	投　資

➤ 解　説

(1)　「財務会計の概念フレームワーク」は、会計基準の基本的な考え方をあらわしたものであり、これによって、会計基準に対する理解が深まるなどの効果があります。

　　財務報告とは、財務諸表と関連する開示事項を外部に報告することです。

(2)　投資のポジションとは企業の財政状態、投資の成果とは企業の経営成績とイメージしておけばいいでしょう。

言葉の説明

　ポジションには、位置や状態などの意味があります。

　経済的資源とは、資金を獲得するための元となる物や権利などをいいます。

25 その他 ④（概念フレームワーク）

次の各文章の空欄に適切な語句を記入しなさい。

(1) 「概念フレームワーク」では、財務報告の目的を達成するために、会計情報の最も基本的な特性として（　ア　）有用性を挙げている。

そして、この（　ア　）有用性を支える特性として「（　ア　）との関連性」と「信頼性」の2つの特性を挙げている。 ☆

(2) 会計上の利益の捉え方については、（　イ　）アプローチと（　ウ　）アプローチの2つの考え方がある。

（　イ　）アプローチ：まず、資産や負債を定義し、資産と負債の差額である純資産の当期変動額を利益とする考え方。 ☆

（　ウ　）アプローチ：収益・費用を重視し、収益と費用の差額を利益とする考え方。 ☆

ア	イ	ウ
意思決定	資産・負債	収益・費用

➤ 解 説

(1) 概念フレームワークでは、財務報告の目的を達成するために、会計情報の最も基本的な特性として財務諸表利用者にとっての「意思決定有用性」を挙げています。

　そして、この「意思決定有用性」を支える特性として「意思決定との関連性」と「信頼性」の２つの特性を挙げています。

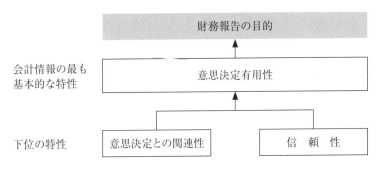

意思決定有用性：会計情報が財務諸表利用者の意思決定に有用な情報であること。

意思決定との関連性：会計情報が財務諸表利用者の意思決定に積極的な影響を与えて貢献すること。

信　　頼　　性：会計情報が信頼できる（誤りが無い）情報であること。

(2) わが国の会計は、従来「企業会計原則」に則り、主に収益・費用アプローチをとっていましたが、その後、国際的な動向を受けて「財務会計の概念フレームワーク」では、資産・負債アプローチをとりいれています。

　ただし、純利益も重視し、資産・負債アプローチと収益・費用アプローチが混在したハイブリッド構造になっています。

次の各文章の空欄に適切な語句を記入しなさい。

(1) 企業は、セグメント情報として、報告セグメントの売上高、（　ア　）、資産及びその他の重要な項目等を開示しなければならない。

　　なお、報告セグメントの負債については、企業内における業績評価や意思決定においてセグメント別に負債の額が把握されている場合には、開示しなければならない。　　　　　　　　　　　　　　　　　　　　　　　　　　★

(2) 企業が開示する報告セグメントの利益に含まれる項目のうち、開示が要求されているものには、外部（　イ　）への売上高、事業セグメント間の内部売上高または振替高、減価償却費、（　ウ　）の償却額、受取利息及び支払利息、（　エ　）投資利益（または損失）、特別利益及び特別損失、税金費用、重要な非資金損益項目がある。

(3) セグメント情報の報告セグメントの決定において、経営上の意思決定を行い、業績を評価するために、経営者が企業を事業の構成単位に区分した方法を基礎として報告セグメントを決定する方法を（　オ　）・アプローチという。　　　　　　　　　　　　　　　　　　　　　　　　　　★★

(4) セグメント情報を開示すべき（　カ　）セグメントの決定に際して、企業の複数の事業セグメントを集約して1つの事業セグメントとすることが認められる。　　　　　　　　　　　　　　　　　　　　　　　　　　★

ア	イ	ウ	エ	オ
利　益	顧　客	のれん	持分法	マネジメント

カ
報　告

▶ **解 説**

　セグメント情報は、売上高、利益（または損失）、資産その他の財務情報を、事業の構成単位に分けた情報であり、注記情報として開示します。

　例えば、製造業を営む親会社が金融子会社を持っている場合など、連結財務諸表だけを見ただけでは分からない情報がセグメント情報では提供され、利害関係者の投資の意思決定に役立ちます。

　セグメント情報を作成するにあたっては、経営者が経営上の意思決定を行い業績を評価するために区分した企業の構成単位（事業セグメント）を一定の基準により分類・集約し、報告すべきセグメント（報告セグメント）を決定します。

言葉の説明

　「セグメント」には、「分割した」という意味があります。セグメント情報は、いわば財務諸表を事業ごとに分割したものです。

　「金融子会社」は、親会社の顧客への融資、企業グループ全体の資金調達、企業グループ内の資金不足の会社への貸付けなどの金融事業を行う子会社です。

例題　P社はS社の発行済株式総数のすべてを取得し、S社を支配しており、連結財務諸表を作成している。セグメント情報を作成する。

(1) 各社の事業の内容

	報告セグメント	セグメントの内容
P社	自動車	自動車の製造と、自動車の販売
	自動車部品	エンジンなど自動車の動力に係る部品の製造
S社	自動車部品	ボンネットなど自動車の車体に係る部品の製造

① P社とS社の自動車部品事業部は、部品の製造原価に一定の利益を付けてP社の自動車事業部に販売するとともに、他の自動車メーカーにも販売している。

② P社の自動車事業部は、自動車部品をもとに自動車を製造し、販売している。

(2) 各社の財務諸表　　　　　　　　　　　　　　　　　　　　（単位：円）

	P社		S社
	自動車	自動車部品	自動車部品
売　上　高	5,000	2,000	1,000
⋮	⋮	⋮	⋮
減価償却費	400	130	170
のれん償却額	200	70	30
⋮	⋮	⋮	⋮
受取利息	80	50	20
特別損失	100	140	60
セグメント利益	1,500	600	300
セグメント資産	4,000	1,500	1,000
セグメント負債	1,100	600	200

① 自動車部品事業部の売上高の内訳

　P社の自動車部品事業部

　自動車事業部への売上：1,200円、他のメーカーへの売上：800円

　S社の自動車部品事業部

　自動車事業部への売上：　600円、他のメーカーへの売上：400円

なお、Ｐ社の自動車事業部が期末に保有する自動車部品には未実現利益540円が含まれているため、セグメント資産及びセグメント利益を調整する。
② 自動車事業部の売上高は、すべて外部顧客への売上高である。

セグメント情報　　　　　　　　　（単位：円）

	報告セグメント		調整額	連結財務諸表計上額
	自動車	自動車部品		
売　　上　　高				
外部顧客への売上高	5,000	1,200 (01)	－	6,200
セグメント間の内部 　売上高または振替高	－	1,800 (02)	△ 1,800	－
計	5,000	3,000	△ 1,800	6,200
セグメント利益	1,500	900	△ 540	1,860
セグメント資産	4,000	2,500	△ 540	5,960
セグメント負債	1,100	800	－	1,900
その他の項目				
減価償却費	400	300	－	700
のれんの償却額	200	100	－	300
受取利息	80	70	－	150
特別損失	100	200	－	300

01）外部顧客への売上高：800円＋400円＝1,200円
02）セグメント間の売上高：1,200円＋600円＝1,800円

次の各文章の空欄に適切な語句を記入しなさい。

(1) 棚卸資産に分類される不動産以外で、賃貸収益またはキャピタル・ゲインの獲得を目的として保有されている不動産を（　ア　）不動産という。

(2) 賃貸等不動産を保有している場合は、その概要、貸借対照表計上額及び期中における主な変動、当期末における（　イ　）及びその算定方法、及び賃貸等不動産に関係する損益を注記しなければならない。

ア	イ
賃貸等	時 価

▶ 解 説

(1) 賃貸等不動産とは、棚卸資産に分類されている不動産*以外のもので、賃貸収益またはキャピタル・ゲイン（売却益）の獲得を目的として保有されている不動産をいいます。

　　　＊　不動産業者などが保有する販売目的の不動産（土地や建物など動かすことのできない財産）のことです。また、物品の製造や販売、サービスの提供、経営管理（本社ビルなど）に自ら使用している場合は賃貸等不動産には含まれません。

　賃貸等不動産には、次の不動産が含まれます。

・貸借対照表において投資不動産として区分されている不動産
　（投資目的*で所有する土地、建物その他の不動産）
・将来の使用が見込まれていない遊休不動産
・上記以外で賃貸されている不動産

　　　＊　投資目的とは、賃貸収益またはキャピタル・ゲインを得る目的であり、賃貸等不動産のメインは投資不動産となります。

　おおまかに分類すると次のとおりとなります。

	科　目	賃貸等不動産
販 売 目 的	販売用不動産	該当しない
投 資 目 的	投資不動産	該当する
物品製造販売等の目的 （自社で使用している）	建物、土地等	該当しない

(2) 賃貸等不動産に関する注記

　賃貸等不動産を保有している場合は、次の事項を注記します。

① 賃貸等不動産の概要
② 賃貸等不動産の貸借対照表計上額及び期中における主な変動
③ 賃貸等不動産の**当期末における時価**及びその算定方法
④ 賃貸等不動産に関する損益

次の各文章について、正しければ○を、誤っていれば×を付けなさい。

⑴ セグメント情報を開示すべき報告セグメントの決定に際して、企業の複数の事業セグメントを集約して1つの事業セグメントとすることは認められない。 ☆

⑵ 企業は、セグメント情報を開示する場合、必ず各報告セグメントの利益（または損失）並びに資産及び負債の額を注記によって開示しなければならない。 ☆

⑶ 事業セグメントの売上高が、全ての事業セグメントの売上高の合計額の10％以上になる場合には、その事業セグメントを報告セグメントとして開示しなければならない。 ☆

⑷ 「賃貸等不動産の時価等の開示に関する会計基準」によれば、賃貸を目的として保有している不動産については、企業の選択により原価または当期末の時価で評価し、投資その他の資産の区分に計上するが、原価で評価した場合には時価を注記しなければならない。 ☆

(1)	(2)	(3)	(4)
×	×	○	×

▶ 解　説

(1)　複数の事業セグメントが次の要件のすべてを満たす場合、企業はその事業セグメントを1つの事業セグメントに集約することができます。

①　その事業セグメントを集約することで、財務諸表利用者の意思決定に役立つこと。

②　その事業セグメントの経済的特徴が概ね類似していること。

③　その事業セグメントの製品及びサービスの内容等が概ね類似していること。

(2)　負債の額については、企業内における業績評価や意思決定においてセグメント別に負債の額が把握されている場合には、開示しなければなりません。

(3)　経営者が意思決定をする上で区分している事業セグメントの識別→一定（10％）の基準による報告セグメントの決定→セグメント情報の作成という流れになります。

　　企業の経営者が意思決定や業績評価に用いる情報を開示することで、財務諸表利用者が経営者と同じ視点で企業を見ることができ、将来キャッシュ・フローの予測に役立てることができます。

(4)　賃貸を目的として保有する不動産については、原価で評価するとともに、投資情報としてその時価を注記します。

取締役の報酬等として株式を無償交付する取引について、次の各文章の空欄に適切な語句を記入しなさい。

(1) 権利確定後に株式を無償交付する事後交付型の場合、企業が取締役から取得するサービスは、サービスの取得に応じて費用を計上し、対応する金額は、株式の発行等が行われるまでの間、貸借対照表の純資産の部の株主資本以外の項目に（　ア　）として計上する。　　　　　　　★★

(2) (1)の事後交付型の場合、新株を発行したときは、株式の割当日において、株式引受権として計上した額を（　イ　）または資本準備金に振り替える。　　　　　　　　　　　　　　　　　　　　　　　　　　　　　　　★

(3) (1)の事後交付型の場合、自己株式を処分したときは、株式の割当日において、自己株式の取得原価と、株式引受権の帳簿価額との差額を、自己株式処分差額として、（　ウ　）で処理する。　　　　　　　　　　★

(4) 権利確定前に株式を無償交付する事前交付型の場合、取締役に対して新株を発行するときは、これに応じて企業が取締役から取得するサービスは、その取得に応じて（　エ　）として計上するとともに、対応する金額を資本金または資本準備金に計上する。　　　　　　　　　　　　　　　★

(5) (4)の事前交付型の場合、取締役に対して自己株式を処分するときは、割当日において処分した自己株式の帳簿価額を減額するとともに、同額の（　オ　）を減額する。

　取締役に対して自己株式を処分し、これに応じて企業が取締役から取得するサービスは、サービスの取得に応じて費用を計上し、対応する金額をその他資本剰余金として計上する。　★

(6) 各会計期間における費用計上額は、株式の公正な評価額のうち、対象（　カ　）期間を基礎とする方法その他の合理的な方法に基づき当期に発生したと認められる額である。株式の公正な評価額は、公正な評価単価に株式数を乗じて算定する。　★

▶ 解　答

ア	イ	ウ	エ	オ
株式引受権	資本金	その他資本剰余金	費　用	その他資本剰余金

カ
勤　務

▶ 解　説

　2019年の会社法改正により、証券取引所に上場している会社の取締役に対する報酬等として、金銭の払込みがなく無償で株式を交付（新株の発行または自己株式の処分）する取引が認められるようになりました。

　ストック・オプションは、「株式を一定価額で購入する権利」であり、権利行使価額の払込み（有償）の後に、株式を交付します。
　株式の無償交付では、会社の株式そのものを、取締役に労働に対する報酬として交付します。

　株式の無償交付には、権利が確定した後に株式を交付する**事後交付型**と、権利が確定する前に株式を交付する**事前交付型**があります。

> **例題** (1) ×1年7月1日に取締役10人に2年間の勤務を条件に、1人あた
> り株式10株を交付することを決定した。株式に対する権利確定日
> は×3年6月30日である。
>   付与日における株式の評価単価は@240円であり、付与日におい
> て退任は見込んでいない。
>
> (2) ×3年3月31日に退任による失効見込数を1人に変更した。
>
> (3) ×3年4月末に取締役の1人が退任し、×3年6月末における実
> 際失効数は1人となった。
>
> (4) 自己株式を交付する場合に備えて、自己株式を保有（簿価20,000
> 円：@200円×100株）している。

⑴ 事後交付型の場合

ストック・オプションと同じように、以下の式で計算します。

株式の評価単価×1人当たり交付株式数×(交付人数−退任見込人数)×$\dfrac{経過月数}{対象勤務期間}$

決算時（×2年3月末）

（借）報　酬　費　用　　　9,000[01]（貸）株　式　引　受　権　　　9,000

01) @240円×10株×10人×$\dfrac{9\,カ月}{24\,カ月}$ = 9,000円

決算時（×3年3月末）

（借）報　酬　費　用　　　9,900[02]（貸）株　式　引　受　権　　　9,900

02) @240円×10株×（10人−1人）×$\dfrac{21\,カ月}{24\,カ月}$ − 9,000円 = 9,900円

権利確定時（×3年6月末）

（借）報　酬　費　用　　　2,700[03]（貸）株　式　引　受　権　　　2,700

03) @240円×10株×（10人−1人）− 9,000円 − 9,900円 = 2,700円

株式割当時（×3年7月）

①新株を発行する場合

　全額を資本金とする場合

（借）株 式 引 受 権　　21,600 (04)（貸）資　　本　　金　　21,600

　04）@240円×10株×9人＝21,600円

②自己株式（90株）を処分する場合（簿価18,000円：@200円×90株）

（借）株 式 引 受 権　　21,600 (04)（貸）自 己 株 式　　18,000 (05)

　　　　　　　　　　　　　　　　　　　その他資本剰余金　　3,600 (06)

　05）@200円×90株＝18,000円

　06）21,600円－18,000円＝3,600円

(2)　**事前交付型の場合**

①新株を発行する場合

　株式は×1年7月に交付されます。労働の提供を受けるごとに資本が増えたと考え各期末に資本を増加させます。

　事前に株式を交付する場合には、退任した取締役から株式を没収します。

　新株を発行する場合には没収の仕訳はありません。

株式割当時（×1年7月）

　　　仕 訳 な し

決算時（×2年3月末）：全額を資本金とする場合

（借）報 酬 費 用　　9,000　（貸）資　　本　　金　　9,000

決算時（×3年3月末）

（借）報 酬 費 用　　9,900　（貸）資　　本　　金　　9,900

権利確定時（×3年6月末）

（借）報 酬 費 用　　2,700　（貸）資　　本　　金　　2,700

②自己株式を処分する場合

割当日に自己株式を交付した事実を重視し、×1年7月に自己株式を減少させ、相手勘定はその他資本剰余金とします。そして、**各期末に報酬費用を計上する**とともに、**その他資本剰余金を調整**します。

事前交付型で自己株式を交付する場合には株式割当時に自己株式を全額減らしているため、没収（退任した取締役から株式を回収）の仕訳が必要となります。

株式割当時（×1年7月）

（借）その他資本剰余金　　20,000　（貸）自　己　株　式　　20,000[07]

07）@200円×10株×10人＝20,000円

決算時（×2年3月）

（借）報　酬　費　用　　9,000　（貸）その他資本剰余金　　9,000

決算時（×3年3月）

（借）報　酬　費　用　　9,900　（貸）その他資本剰余金　　9,900

没収時（×3年4月末）

没収分10株について、株式割当時と貸借反対の仕訳を行います。

（借）自　己　株　式　　2,000[08]（貸）その他資本剰余金　　2,000

08）@200円×10株×1人＝2,000円

権利確定時（×3年6月末）

（借）報　酬　費　用　　2,700　（貸）その他資本剰余金　　2,700

理解のため、上記の仕訳をまとめると次のようになります。

（借）報　酬　費　用	21,600	（貸）自　己　株　式	18,000		
		その他資本剰余金	3,600		

決算時の処理における貸方科目

	事後交付型	事前交付型
新 株 の 発 行	(1) 株 式 引 受 権	(2) ① 資 本 金 等
自己株式の処分		(2) ② その他資本剰余金

(3) **表示**

　　株式引受権は、貸借対照表上、Ⅱ評価・換算差額等（連結上はその他の包括利益累計額）と、Ⅳ新株予約権の間にⅢ株式引受権として表示します。

　　報酬費用は、個別損益計算書上、販売費及び一般管理費の区分に表示します。

貸借対照表
純資産の部
Ⅰ　株主資本
　　資　本　金
　　資本剰余金
　　　資本準備金
　　　その他資本剰余金
　　利益剰余金
　　　利益準備金
　　　その他利益剰余金
　　　　任意積立金
　　　　繰越利益剰余金
　　自己株式
Ⅱ　評価・換算差額等
Ⅲ　**株式引受権**
Ⅳ　新株予約権

連結貸借対照表
純資産の部
Ⅰ　株主資本
　　資　本　金
　　資本剰余金
　　利益剰余金
　　自己株式
Ⅱ　その他の包括利益累計額
Ⅲ　**株式引受権**
Ⅳ　新株予約権
Ⅴ　非支配株主持分

次の各文章の空欄に適切な語句を記入しなさい。

(1) 当年度の財務諸表に計上した会計上の見積りによるもののうち、翌年度の財務諸表に重要な影響を及ぼすリスクがある項目については、（　ア　）を行う。　　　　　　　　　　　　　　　　　　　　　　　　　　　　　　　　　★

(2) 会計上の見積りの開示として、次の事項を注記する。
　① 当年度の財務諸表に計上した金額
　② 会計上の見積りの内容について財務諸表利用者の理解に役立つその他の情報
　　上記②として、例えば、次のようなものがある。
　　ⅰ 当年度の財務諸表に計上した金額の算出方法
　　ⅱ 当年度の財務諸表に計上した金額の算出に用いた主要な仮定
　　ⅲ （　イ　）の財務諸表に与える影響　　　　　　　　　　　　　　★

(3) 会計上の見積りの開示は、当年度の財務諸表に計上した金額に重要性があるものに着目して開示するわけではなく、（　ウ　）の財務諸表に重要な影響を及ぼすリスクがあるものに着目して開示する。　　　　　　　　　　　★

ア	イ	ウ
注 記	翌年度	翌年度

▶ 解 説

(1) 会計上の見積りの方法はさまざまあり、どのような仮定を置くかにより
見積金額も変わってきます。

　　したがって、財務諸表に計上した金額だけでは、その項目が翌年度の財
務諸表に影響を及ぼす可能性があるかどうかを財務諸表利用者が理解する
ことは困難です。

　　そのため、当年度の財務諸表に計上した会計上の見積りによるもののう
ち、翌年度の財務諸表に重要な影響を及ぼすリスクがある項目について、
注記として開示します。

(2) 注記の事例としては、新型コロナウイルス感染症の拡大による売上減少
や、エネルギー価格の高騰による原価の増加などで、当期に固定資産の減
損損失を計上した事業を記載し、翌年度の財務諸表に与える影響として、
当期は減損損失の兆候はあったが減損損失を計上しなかった事業の資産を
記載するなどさまざまです。

(3) 例えば、固定資産について当年度に減損損失を計上しなかった場合でも、
翌年度の財務諸表に重要な影響を及ぼすと考えられる場合には開示するこ
とがあります。

次の各文章の空欄に適切な語句または数字を記入しなさい。

⑴　ある当事者が他の当事者を支配しているか、または、他の当事者の財務上及び業務上の意思決定に対して重要な影響力を有している場合の当事者等を（　ア　）という。

⑵　関連当事者の例としては、親会社、子会社、関連会社、財務諸表作成会社の（　イ　）及びその近親者、財務諸表作成会社の主要株主及びその近親者などがある。

⑶　会社と関連当事者との取引のうち、重要な取引を開示対象とし、（　ウ　）を行う。なお、連結財務諸表を作成するにあたって相殺消去した取引は開示対象外とする。

⑷　関連当事者との取引として開示する項目には、関連当事者の概要、会社と関連当事者との関係、取引の内容、取引の種類ごとの取引（　エ　）などを開示する。

⑸　関連当事者が法人の場合、以下の取引を開示対象とする。
　①　連結損益計算書項目
　　ⅰ　売上高または売上原価と販売費及び一般管理費の合計額の（　オ　）％を超える取引
　　ⅱ　営業外収益または営業外費用の合計額の（　オ　）％を超える損益に係る取引
　　ⅲ　特別利益、特別損失については、（　カ　）万円を超える損益に係る取引
　②　連結貸借対照表項目
　　その金額が総資産の１％を超える取引など

⑹　関連当事者が個人の場合、（　キ　）万円を超える取引を開示対象とする。

■ ▸ 解 答

ア	イ	ウ	エ	オ
関連当事者	役 員	注 記	金 額	10
カ	キ			
1,000	1,000			

▸ 解 説

(3) 会社と関連当事者との取引は、会社と役員等の個人との取引を含め、対等な立場で行われているとは限らず、会社の財政状態や経営成績に影響を及ぼすことがあります。

また、直接の取引がない場合においても、関連当事者の存在自体が、会社の財政状態や経営成績に影響を及ぼすこともあります。

関連当事者の開示は、会社と関連当事者との取引や関連当事者の存在が財務諸表に与えている影響を財務諸表利用者が把握できるようにすることが目的です。

「原価計算基準」には、本文の前に、制定の趣旨や基本原則などを書いた前文があります。前文は、「原価計算基準」を理解する上でも大切であるため、ポイントを以下に掲載します。

1．原価計算の目的

原価計算の目的の最たるものは、財務諸表に計上するための正しい原価を計算することですが、経営管理のために**業務計画**[01] や**原価管理**に役立てることも重要です。

01) 予算編成や予算統制などの予算の管理のことです。

2．「原価計算基準」の適用

「原価計算基準」は、実際に守るべきルール（**実践規範**）を規定したものになります。そして、原価計算の目的を達成するために、「原価計算基準」に従った原価計算を**継続して行う**[02] 必要があります。

02) 前文では「常時継続的に行われるもの」という言い方をしています。対して「随時」とは「ときどき」という意味です。

しかし、「原価計算基準」は、個々の企業の原価計算の手続きを画一的に規定するものではなく、各企業の実態に応じて**弾力的（柔軟）**に適用すべきものです。

原価計算基準

※ 本試験における重要性を考慮し、省略（中略）している箇所、若干言い回しを変えている箇所、
　平仮名を漢字に変えている箇所がございます。

1 原価計算の目的 ★★★

　原価計算には、各種の異なる目的が与えられるが、主たる目的は、次のとおりである。

(1)　企業の出資者、債権者、経営者等のために、過去の一定期間における損益ならびに期末における財政状態を財務諸表に表示するために必要な真実の（　ア　）を集計すること。

(2)　価格計算に必要な原価資料を提供すること。

(3)　経営管理者の各階層に対して、（　イ　）に必要な原価資料を提供すること。ここに（　イ　）とは、原価の標準を設定してこれを指示し、原価の実際の発生額を計算記録し、これを標準と比較して、その差異の原因を分析し、これに関する資料を経営管理者に報告し、（　ウ　）を増進する措置を講ずることをいう。

(4)　予算の（　エ　）ならびに（　オ　）のために必要な原価資料を提供すること。（中略）予算は、業務執行に関する総合的な期間計画であるが、予算編成の過程は、たとえば製品組合せの決定、部品を自製するか外注するかの決定等個々の選択的事項に関する意思決定を含むことは、いうまでもない。

(5)　経営の（　カ　）を設定するに当たり、これに必要な原価情報を提供すること。ここに（　カ　）とは、経済の動態的変化に適応して、経営の給付目的たる製品、経営立地、生産設備等経営構造に関する基本的事項について、経営意思を決定し、経営構造を合理的に組成することをいい、随時的に行なわれる決定である。

この基準において原価計算とは、制度としての原価計算をいう。原価計算制度は財務諸表の作成、原価管理、予算統制等の異なる目的が、重点の相違はあるが相ともに達成されるべき一定の計算秩序である。（中略）

原価計算制度を大別して（ キ ）制度と（ ク ）制度とに分類することができる。

（ キ ）制度は、製品の実際原価を計算し、これを財務会計の主要帳簿に組み入れ、製品原価の計算と財務会計とが、実際原価をもって有機的に結合する原価計算制度である。（中略）

（ ク ）制度は、製品の標準原価を計算し、これを財務会計の主要帳簿に組み入れ、製品原価の計算と財務会計とが、標準原価をもって有機的に結合する原価計算制度である。（中略）

差額原価、機会原価、付加原価等を、随時に統計的、技術的に調査測定する（ ケ ）は、制度としての原価計算の範囲外に属するものとして、この基準に含めない。

解 答

ア	イ	ウ	エ	オ
原 価	原価管理	原価能率	編 成	予算統制

カ	キ	ク	ケ
基本計画	実際原価計算	標準原価計算	特殊原価調査

解 説

オ 予算統制とは、いわば予算実績差異分析のことです。

カ 基本計画とは、いわば構造的意思決定のことです。

ケ 特殊原価調査である意思決定会計は「原価計算基準」の対象外です。

「原価計算」は、「原価計算制度」と「特殊原価調査」に分かれます。「原価計算基準」の対象は「原価計算制度」となります。「1 原価計算の目的」は、広い意味での「原価計算」を意味しています。

原価計算制度において、原価とは、経営における一定の給付[*1]にかかわらせて、把握された財貨または用役[*2]（以下これを「財貨」という。）の消費を、貨幣価値的に表わしたものである。

(1) 原価は、経済価値の消費である。（中略）

(2) 原価は、経営において作り出された一定の給付に転嫁される価値であり、その給付にかかわらせて、把握されたものである。（中略）

(3) 原価は、経営目的に関連したものである。経営の目的は、一定の財貨を生産し販売することにあり、経営過程は、このための価値の消費と生成の過程である。（中略）

　財務活動は、財貨の生成及び消費の過程たる経営過程以外の、資本の調達、返還、利益処分等の活動であり、したがってこれに関する費用たるいわゆる（　ア　）費用は、原則として原価を構成しない。

(4) 原価は、正常的なものである。原価は、正常な状態のもとにおける経営活動を前提として、把握された価値の消費であり、（　イ　）な状態を原因とする価値の減少を含まない。

原価計算制度においては、原価の本質的規定にしたがい、さらに各種の目的に規定されて、具体的には次のような諸種の原価概念が生ずる。

(1) **実際原価と標準原価**

原価は、その消費量及び価格の算定基準を異(こと)にするにしたがって、実際原価と標準原価とに区別される。

① 実際原価とは、財貨の実際消費量をもって計算した原価をいう。(中略)
実際原価は、厳密には実際の取得価格をもって計算した原価の実際発生額であるが、原価を（　ウ　）価格等をもって計算しても、消費量を実際によって計算する限り、それは実際原価の計算である。（中略）

② 標準原価とは、財貨の消費量を科学的、統計的調査に基づいて能率の尺度となるように予定し、かつ、予定価格または正常価格をもって計算した原価をいう。(中略)

標準原価計算制度において用いられる標準原価は、（　エ　）標準原価または（　オ　）原価である。

解 答

ア	イ	ウ	エ	オ
財 務	異 常	予 定	現実的	正 常

解 説

エ 現実的標準原価は、良好な能率のもとで、通常生じると認められる程度の減損、仕損等の余裕率を含み、「努力すれば達成可能な目標」として設定される原価です。

比較的短期における予定操業度や予定価格をもとに決定されます。

正常原価は、異常な状態を排除し、比較的長期にわたる実績をもとに決定される原価です。

＊1 給付とは、主に製品のことをいいます。

＊2 用役とは、サービスのことをいいます。

（　ア　）標準原価とは、良好な能率のもとにおいて、その達成が期待されうる標準原価をいい、通常生ずると認められる程度の減損、仕損、遊休時間等の余裕率を含む原価であり、かつ、比較的短期における予定操業度及び予定価格を前提として決定され、これら諸条件の変化に伴い、しばしば改訂される標準原価である。（中略）

（中略）

（　イ　）原価とは、経営における異常な状態を排除し、経営活動に関する比較的長期にわたる過去の実際数値を統計的に平準化し、これに将来のすう勢を加味した正常能率、正常操業度及び正常価格に基づいて決定される原価をいう。（中略）

　原価管理のために時として理想標準原価が用いられることがあるが、かかる標準原価は、この基準にいう制度としての標準原価ではない。（中略）

⑵　**製品原価と（　ウ　）**

　原価は、財務諸表上収益との対応関係に基づいて、製品原価と（　ウ　）とに区別される。

　製品原価とは、一定単位の製品に集計された原価をいい、（　ウ　）とは、一定期間における発生額を、当期の収益に直接対応させて、把握した原価をいう。

　製品原価と（　ウ　）との範囲の区別は相対的であるが、通常、売上品及び棚卸資産の価額を構成する全部の製造原価を製品原価とし、販売費及び一般管理費は、これを（　ウ　）とする。

(3) 全部原価と部分原価

　原価は、集計される原価の範囲によって、全部原価と部分原価とに区別される。全部原価とは、一定の給付に対して生ずる全部の製造原価またはこれに販売費及び一般管理費を加えて集計したものをいい、部分原価とは、そのうち一部分のみを集計したものをいう。

　部分原価は、計算目的によって各種のものを計算することができるが、最も重要な部分原価は、変動直接費及び変動間接費のみを集計した（　エ　）（変動原価）である。

▶ 解　答

ア	イ	ウ	エ
現実的	正　常	期間原価	直接原価

5

非原価項目　　　　　　　　　　　　　　　　　　　　　　　★★

　非原価項目とは、原価計算制度において、原価に算入しない項目をいい、おおむね次のような項目である。

⑴　（　ア　）目的に関連しない価値の減少、たとえば
　　①　次の資産に関する減価償却費、管理費、租税等の費用
　　　　ⅰ　投資資産たる不動産、有価証券、貸付金等
　　　　ⅱ　未稼働の固定資産（中略）
　　②　寄付金等であって経営目的に関連しない支出
　　③　支払利息等の財務費用（中略）

⑵　（　イ　）な状態を原因とする価値の減少、たとえば
　　①　異常な仕損、減損、棚卸減耗等
　　②　火災、震災、風水害、盗難、争議等の偶発的事故による損失
　　　　（中略）

⑶　税法上とくに認められている損金算入項目（中略）

⑷　その他の利益剰余金に課する項目、たとえば
　　①　法人税、所得税、都道府県民税、市町村民税
　　②　配当金（中略）

6

原価計算の一般的基準　　　　　　　　　　　　　　　　　★★★

　原価計算制度においては、次の一般的基準にしたがって原価を計算する。

⑴　**財務諸表の作成に役立つために、**
　　①　原価計算は原価を一定の給付にかかわらせて集計し、製品原価及び期間原価を計算する。
　　　すなわち、原価計算は原則として
　　　ⅰ　すべての製造原価要素を製品に集計し、損益計算書上、売上品の製造原価を売上高に対応させ、貸借対照表上仕掛品、半製品、製品等の製造原価を棚卸資産として計上することを可能にさせ、

ii また、販売費及び一般管理費を計算し、これを損益計算書上期間原価として当該期間の売上高に対応させる。
② 原価の数値は、財務会計の原始記録、信頼しうる統計資料等によって、その信ぴょう性が確保されるものでなければならない。このため原価計算は、原則として（　ウ　）原価を計算する。

（中略）

また必要ある場合には、製品原価を（　エ　）原価をもって計算し、これを財務諸表に提供することもできる。
③ 原価計算において、原価を予定価格等または（　エ　）原価をもって計算する場合には、これと原価の実際発生額との差異は、これを財務会計上適正に処理しなければならない。

（中略）

(2) **原価管理に役立つために、**
⑤ 原価計算は、経営における管理の権限と責任の委譲を前提とし、作業区分等に基づく部門を管理責任の区分とし、各部門における作業の原価を計算し、各管理区分における原価発生の責任を明らかにさせる。
⑥ 原価計算は、原価要素を、機能別に、また直接費と間接費、固定費と変動費、管理可能費と管理不能費の区分に基づいて分類し、計算する。
⑦ 原価計算は、原価の標準の設定、指示から原価の報告に至るまでのすべての計算過程を通じて、原価の物量を測定表示することに重点をおく。
⑧ 原価の標準は、原価発生の責任を明らかにし、原価能率を判定する尺度として、これを設定する。原価の標準は、過去の実際原価をもってすることができるが、理想的には、標準原価として設定する。

（中略）

⑩ 原価の標準と実績との差異は、これを分析し、報告する。（中略）

▰▰▰ ▸ **解 答**

ア	イ	ウ	エ
経　営	異　常	実　際	標　準

(3) 予算とくに費用予算の編成ならびに予算（　ア　）に役立つために、

① 原価計算は、予算期間において期待されうる条件に基づく予定原価または標準原価を計算し、予算とくに、費用予算の編成に資料を提供するとともに、予算と対照比較しうるように原価の実績を計算し、もって予算（　ア　）に資料を提供する。

第2章　実際原価の計算

7　実際原価の計算手続　★★★

　実際原価の計算においては、製造原価は、原則として、その実際発生額を、まず（　イ　）に計算し、次いで原価（　ウ　）に計算し、最後に（　エ　）に集計する。販売費及び一般管理費は、原則として、一定期間における実際発生額を、費目別に計算する。

第1節　製造原価要素の分類基準

8　製造原価要素の分類基準　★★★

原価要素は、製造原価要素と（　オ　）の要素に分類する。
製造原価要素を分類する基準は次のようである。

⑴ （　カ　）分類

　（　カ　）分類とは、財務会計における費用の発生を基礎とする分類、すなわち原価発生の形態による分類であり、原価要素は、この分類基準によってこれを材料費、労務費及び経費に属する各費目に分類する。

　材料費とは、物品の消費によって生ずる原価をいい、おおむね次のように細分する。

① 素材費（または原料費）
② 買入部品費
③ 燃料費
④ 工場消耗品費
⑤ 消耗工具器具備品費

労務費とは、労務用役の消費によって生ずる原価をいい、おおむね次のように細分する。

① 賃金（基本給のほか割増賃金を含む。）

② 給料

③ 雑給

④ 従業員賞与手当

⑤ 退職給与引当金繰入額

⑥ 福利費（健康保険料負担金等）

　経費とは、材料費、労務費以外の原価要素をいい、減価償却費、棚卸減耗費及び福利施設負担額、賃借料、修繕料、電力料、旅費交通費等の諸支払経費に細分する。（中略）

► 解　答

ア	イ	ウ	エ	オ
統　制	費目別	部門別	製品別	販売費及び一般管理費
カ				
形態別				

► 解　説

⑤ 退職給与引当金繰入額は、現在、退職給付費用となっています。

⑵ （ ア ） 分類

　（ ア ） 分類とは、原価が経営上のいかなる機能のために発生したかによる分類であり、原価要素は、この分類基準によってこれを（ ア ）に分類する。

　この分類基準によれば、たとえば、材料費は、主要材料費、及び修繕材料費、試験研究材料費等の補助材料費、ならびに工場消耗品費等に、賃金は、作業種類別直接賃金、間接作業賃金、手待賃金等に、経費は、各部門の機能別経費に分類される。

⑶ （ イ ） との関連における分類

　（ イ ） との関連における分類とは、製品に対する原価発生の態様、すなわち原価の発生が一定単位の製品の生成に関して直接的に認識されるかどうかの性質上の区別による分類であり、原価要素は、この分類基準によってこれを（ ウ ）※と（ エ ）※とに分類する。

① （ ウ ）※は、これを直接材料費、直接労務費及び直接経費に分類し、さらに適当に細分する。

② （ エ ）※は、これを間接材料費、間接労務費及び間接経費に分類し、さらに適当に細分する。

　必要ある場合には、直接労務費と製造間接費とを合わせ、または直接材料費以外の原価要素を総括して、これを（ オ ） として分類することができる。

　　※3文字で解答すること。

⑷ （ カ ） との関連における分類

　（ カ ） との関連における分類とは、（ カ ） の増減に対する原価発生の態様による分類であり、原価要素は、この分類基準によってこれを（ キ ）と（ ク ）とに分類する。

　ここに（ カ ） とは、生産設備を一定とした場合におけるその利用度をいう。

　（ キ ） とは、（ カ ） の増減にかかわらず変化しない原価要素をいい、（ ク ） とは、（ カ ） の増減に応じて比例的に増減する原価要素をいう。(中略)

(5) **原価の（ ケ ）性に基づく分類**

　原価の（ ケ ）性に基づく分類とは、原価の発生が一定の管理者層によって管理しうるかどうかの分類であり、原価要素は、この分類基準によってこれを（ コ ）と（ サ ）とに分類する。

　下級管理者層にとって（ サ ）であるものも、上級管理者層にとっては（ コ ）となることがある。

▶ 解　答

ア	イ	ウ	エ	オ
機能別	製　品	直接費	間接費	加工費

カ	キ	ク	ケ	コ
操業度	固定費	変動費	管理可能	管理可能費

サ
管理不能費

9 原価の費目別計算　　　　　　　　　　　　　　　　　★★

　原価の費目別計算とは、一定期間における原価要素を費目別に分類測定する手続をいい、財務会計における費用計算であると同時に、原価計算における第一次の計算段階である。

10 費目別計算における原価要素の分類　　　　　　　　　　　★

　費目別計算においては、原価要素を、原則として、（　ア　）分類を基礎とし、これを（　イ　）と（　ウ　）とに大別し、さらに必要に応じ機能別分類を加味して、たとえば次のように分類する。

直接費

直接材料費

　　主要材料費（原料費）

　　買入部品費

直接労務費

　　直接賃金（必要ある場合には作業種類別に細分する。）

直接経費

　　外注加工費

間接費

間接材料費

　　補助材料費

　　工場消耗品費

　　消耗工具器具備品費

間接労務費

　間接作業賃金

　間接工賃金

　手待賃金

　休業賃金

　給料

　従業員賞与手当

　退職給与引当金繰入額

　福利費（健康保険料負担金等）

間接経費

　福利施設負担額

　厚生費

　減価償却費

　賃借料

　保険料

　修繕料

　電力料

　ガス代

　水道料（中略）

　保管料

　棚卸減耗費（中略）

■▶ 解　答

ア	イ	ウ
形態別	直接費	間接費

⑴ 直接材料費、補助材料費等であって、出入記録を行う材料に関する原価は、各種の材料につき原価計算期間における実際の消費量に、その消費価格を乗じて計算する。

⑵ 材料の実際の消費量は、原則として（ ア ）法[1]によって計算する。ただし、材料であって、その消費量を（ ア ）法によって計算することが困難なものまたはその必要のないものについては、（ イ ）法を適用することができる。[2]

⑶ 材料の消費価格は、原則として購入原価をもって計算する。
　同種材料の購入原価が異なる場合、その消費価格の計算は、次のような方法による。
① 先入先出法
② 移動平均法
③ 総平均法
④ 後入先出法[3]
⑤ 個別法
　材料の消費価格は、必要ある場合には、予定価格等をもって計算することができる。

(4) 材料の購入原価は、原則として実際の購入原価とし、次のいずれかの金額によって計算する。

① 購入代価に買入手数料、引取運賃、荷役費^{*4}、保険料、関税等材料買入に要した（　ウ　）を加算した金額

② 購入代価に（　ウ　）ならびに購入事務、検収、整理、選別、手入、保管等に要した費用（引取費用と合わせて以下これを「（　エ　）」という。）を加算した金額。

ただし、必要ある場合には、引取費用以外の（　エ　）の一部を購入代価に加算しないことができる。（中略）

購入代価に加算する材料副費の一部または全部は、これを予定配賦率によって計算することができる。

予定配賦率は、一定期間の材料副費の予定総額を、その期間における材料の予定購入代価または予定購入数量の総額をもって除して算定する。（中略）

材料副費の一部を材料の購入原価に算入しない場合には、これを間接経費に属する項目としまたは材料費に配賦する。（中略）

(5) 間接材料費であって、工場消耗品、消耗工具器具備品等、継続記録法または棚卸計算法による出入記録を行わないものの原価は、原則として当該原価計算期間における買入額をもって計算する。

■ 解 答

ア	イ	ウ	エ
継続記録	棚卸計算	引取費用	材料副費

➤ 解 説

＊1　継続記録法では消費量を直接記録するため、期末に帳簿残高と実際有高を比較し棚卸減耗を把握できます。

＊2　棚卸計算法では、期末において、受入数量と期末在高の差額で消費量を間接的に把握するため、棚卸減耗が消費量に含まれてしまい直接把握できません。

＊3　後入先出法は、現在、適用が認められていません。

＊4　荷役費とは、貨物の積み込みや荷下ろしなどにかかった費用です。

12 労務費計算

⑴ 直接賃金等であって、作業時間または作業量の測定を行う労務費は、実際の作業時間または作業量に賃率を乗じて計算する。賃率は、実際の個別賃率または、職場もしくは作業区分ごとの（　ア　）賃率による。

（　ア　）賃率は、必要ある場合には、予定（　ア　）賃率をもって計算することができる。

直接賃金等は、必要ある場合には、当該原価計算期間の負担に属する要支払額をもって計算することができる。

⑵ 間接労務費であって、間接工賃金、給料、賞与手当等は、原則として当該原価計算期間の負担に属する（　イ　）をもって計算する。

13 経費計算

⑴ 経費は、原則として当該原価計算期間の実際の発生額をもって計算する。ただし、必要ある場合には、予定価格または予定額をもって計算することができる。

⑵ 減価償却費、不動産賃借料等であって、数ヶ月分を一時に総括的に計算しまたは支払う経費については、これを月割り計算する。

⑶ 電力料、ガス代、水道料等であって、消費量を計量できる経費については、その実際消費量に基づいて計算する。

14 費目別計算における予定価格等の適用 ★

費目別計算において一定期間における原価要素の発生を測定するに当たり、予定価格等を適用する場合には、これをその適用される期間における（　ウ　）価格にできる限り近似させ、価格差異をなるべく僅少にするように定める。

▶ 解 答

ア	イ	ウ
平　均	要支払額	実　際

15　原価の部門別計算　　★★

　原価の部門別計算とは、費目別計算において把握された原価要素を、原価部門別に分類集計する手続をいい、原価計算における第二次の計算段階である。

16　原価部門の設定　　★★

　原価部門とは、原価の発生を機能別、責任区分別に管理するとともに、製品原価の計算を正確にするために、原価要素を分類集計する計算組織上の区分をいい、これを諸（　ア　）部門と諸（　イ　）部門とに分ける。（中略）

⑴　（　ア　）部門

　（　ア　）部門とは、直接製造作業の行なわれる部門をいい、製品の種類別、製品生成の段階、製造活動の種類別等にしたがって、これを各種の部門または工程に分ける。たとえば機械製作工場における鋳造、鍛造、機械加工、組立等の各部門はその例である。

　副産物の加工、包装品の製造等を行ういわゆる副経営は、これを（　ア　）部門とする。（中略）

⑵　（　イ　）部門

　（　イ　）部門とは、製造部門に対して補助的関係にある部門をいい、これを（　ウ　）部門と（　エ　）部門とに分け、さらに機能の種類別等にしたがって、これを各種の部門に分ける。

　（　ウ　）部門とは、その事業の目的とする製品の生産に直接関与しないで、自己の製品または用役を製造部門に提供する諸部門をいい、たとえば動力部、修繕部、運搬部、工具製作部、検査部等がそれである。

　（中略）

　（　エ　）部門とは、管理的機能を行う諸部門をいい、たとえば材料部、労務部、企画部、試験研究部、工場事務部等がそれである。

原価要素は、これを原価部門に分類集計するに当たり、当該部門において発生したことが直接的に認識されるかどうかによって、（　オ　）費と（　カ　）費とに分類する。

（　オ　）費は、原価部門における発生額を直接に当該部門に賦課し、（　カ　）費は、原価要素別にまたはその性質に基づいて分類された原価要素群別にもしくは一括して、適当な配賦基準によって関係各部門に配賦する。
（中略）

▶ 解　答

ア	イ	ウ	エ	オ
製　造	補　助	補助経営	工場管理	部門個別

カ
部門共通

⑴ 原価要素の全部または一部は、まずこれを各製造部門及び補助部門に賦
課または配賦する。この場合、部門に集計する原価要素の範囲は、製品原
価の正確な計算及び原価管理の必要によってこれを定める。

たとえば、個別原価計算においては、製造間接費のほか、直接労務費を
も製造部門に集計することがあり、総合原価計算においては、すべての製
造原価要素または加工費を製造部門に集計することがある。

各部門に集計された原価要素は、必要ある場合には、これを変動費と固
定費または管理可能費と管理不能費とに区分する。

⑵ 次いで補助部門費は、直接配賦法、階梯式配賦法、相互配賦法等にした
がい、適当な配賦基準によって、これを各（　ア　）部門に配賦し、製造
部門費を計算する。（中略）

第4節　原価の製品別計算

原価の製品別計算とは、原価要素を一定の製品単位に集計し、単位製品の
製造原価を算定する手続をいい、原価計算における第三次の計算段階である。
（中略）

20 製品別計算の形態　　　　　　　　　　　　★★★

製品別計算は、経営における生産形態の種類別に対応して、これを次のような類型に区分する。

(1)　単純総合原価計算

(2)　等級別総合原価計算

(3)　（　イ　）総合原価計算

(4)　（　ウ　）原価計算

21 単純総合原価計算　　　　　　　　　　　　★★

単純総合原価計算は、（　エ　）製品を反復連続的に生産する生産形態に適用する。

単純総合原価計算にあっては、一原価計算期間（以下これを「一期間」という。）に発生したすべての原価要素を集計して当期製造費用を求め、これに期首仕掛品原価を加え、この合計額（以下これを「総製造費用」という。）を、完成品と期末仕掛品とに分割計算することにより、完成品総合原価を計算し、これを製品単位に均分して単位原価を計算する。

═▸ 解　答

ア	イ	ウ	エ
製　造	組　別	個　別	同　種

等級別総合原価計算は、同一工程において、（　ア　）製品を連続生産するが、その製品を形状、大きさ、品位等によって等級別に区別する場合に適用する。

等級別総合原価計算にあっては、各等級製品について適当な（　イ　）を定め、一期間における完成品の総合原価または一期間の製造費用を（　イ　）に基づき各等級製品に按分してその製品原価を計算する。(中略)

組別総合原価計算は、（　ウ　）製品を（　エ　）に連続生産する生産形態に適用する。

組別総合原価計算にあっては、一期間の製造費用を（　オ　）と（　カ　）または原料費と加工費とに分け、個別原価計算に準じ、（　オ　）または原料費は、各組の製品に賦課し、（　カ　）または加工費は、適当な配賦基準により各組に配賦する。

次いで一期間における組別の製造費用と期首仕掛品原価とを、当期における組別の完成品とその期末仕掛品とに分割することにより、当期における組別の完成品総合原価を計算し、これを製品単位に均分して単位原価を計算する。

単純総合原価計算、等級別総合原価計算及び組別総合原価計算は、いずれも原価集計の単位が（　キ　）生産量であることを特質とする。

すなわち、いずれも継続製造指図書に基づき、一期間における生産量について総製造費用を算定し、これを（　キ　）生産量に分割負担させることによって完成品総合原価を計算する点において共通する。

したがって、これらの原価計算を総合原価計算の形態と総称する。

（中略）

総合原価計算において、製造工程が二以上の連続する工程に分けられ、工程ごとにその工程製品の総合原価を計算する場合（この方法を「工程別総合原価計算」という。）には、一工程から次工程へ振り替えられた工程製品の総合原価を、（　ク　）費または原料費として次工程の製造費用に加算する。

この場合、工程間に振り替えられる工程製品の計算は、（　ケ　）原価または正常原価によることができる。

■・ 解 答

ア	イ	ウ	エ	オ
同　種	等価係数	異　種	組　別	組直接費

カ	キ	ク	ケ	
組間接費	期　間	前工程	予　定	

26 加工費工程別総合原価計算　★★

　原料がすべて最初の工程の始点で投入され、その後の工程では、単にこれを加工するにすぎない場合には、各工程別に一期間の加工費を集計し、それに原料費を加算することにより、完成品総合原価を計算する。

　この方法を加工費工程別総合原価計算（加工費法）という。

27 仕損及び減損の処理　★★★

　総合原価計算においては、仕損の費用は、原則として、特別に仕損費の費目を設けることをしないで、これをその期の（　ア　）と期末（　イ　）とに負担させる。*1

　加工中に蒸発、粉散、ガス化、煙化等によって生ずる原料の減損の処理は、仕損に準ずる。

28 副産物等の処理と評価　★

　総合原価計算において、副産物が生ずる場合には、その価額を算定して、これを主産物の総合原価から控除する。副産物とは、主産物の製造過程から必然に派生する物品をいう。*2　（中略）

29 連産品の計算　★★★

　連産品とは、同一工程において同一原料から生産される（　ウ　）の製品であって、相互に主副を明確に区別できないものをいう。*2連産品の価額は、連産品の（　エ　）市価等を基準として定めた（　オ　）に基づき、一期間の総合原価を連産品に按分して計算する。

　この場合、連産品で、加工の上売却できるものは、加工製品の見積売却価額から加工費の見積額を控除した額をもって、その（　エ　）市価とみなし、等価係数算定の基礎とする。（中略）

　総合原価計算において、必要ある場合には、一期間における製造費用のうち、（　カ　）直接費及び（　カ　）間接費のみを部門に集計して部門費を計算し、これに期首仕掛品を加えて完成品と期末仕掛品とに按分して製品の直接原価を計算し、固定費を製品に集計しないことができる。

　この場合、会計年度末においては、当該会計期間に発生した（　キ　）額は、これを期末の仕掛品及び製品と当年度の売上品とに配賦する[*3]。

解　答

ア	イ	ウ	エ	オ
完成品	仕掛品	異　種	正　常	等価係数

カ	キ			
変　動	固定費			

解　説

* 1　「基準」では、原則として度外視法、両者負担と規定しています。

* 2　副産物も連産品も同一原料、同一工程から必然的に製造されます。
　　　副産物はそれぞれ価値に大きな違いがあり、主産物と副産物に区別ができます。
　　　一方、連産品は主副の区別のできない点が主な相違点となります。

* 3　固定費調整のことです。

31 個別原価計算 ★★

個別原価計算は、種類を異にする製品を個別的に生産する生産形態に適用する。

個別原価計算にあっては、特定（　ア　）について個別的に直接費及び間接費を集計し、製品原価は、これを当該指図書に含まれる製品の生産完了時に算定する。

経営の目的とする製品の生産に際してのみでなく、自家用の建物、機械、工具等の製作または修繕、試験研究、試作、仕損品の補修、仕損による代品の製作等に際しても、これを特定指図書を発行して行う場合は、個別原価計算の方法によってその原価を算定する。

32 直接費の賦課 ★

個別原価計算における直接費は、発生のつどまたは定期に整理分類して、これを当該指図書に賦課する。

（中略）

33 間接費の配賦

(1) 個別原価計算における間接費は、原則として部門間接費として各指図書に配賦する。

(2) 間接費は、原則として（　イ　）率をもって各指図書に配賦する。

(3) 部門間接費の（　イ　）率は、一定期間における各部門の間接費予定額または各部門の固定間接費予定額及び変動間接費予定額を、それぞれ同期間における当該部門の予定配賦基準をもって除して算定する。

（中略）

(5) 予定配賦率の計算の基礎となる予定操業度は、原則として、一年または一会計期間において予期される操業度であり、それは、技術的に達成可能な最大操業度ではなく、この期間における生産ならびに販売事情を考慮して定めた操業度である。

操業度は、原則として直接作業時間、機械運転時間、生産数量等間接費の発生と関連ある適当な物量基準によって、これを表示する。（中略）

34 加工費の配賦

個別原価計算において、労働が機械作業と密接に結合して総合的な作業となり、そのため製品に賦課すべき直接労務費と製造間接費とを分離することが困難な場合その他必要ある場合には、加工費について部門別計算を行い、部門加工費を各指図書に配賦することができる。（中略）

> ► 解　答

ア	イ
製造指図書	予定配賦

個別原価計算において、仕損が発生する場合には、原則として次の手続により仕損費を計算する。

(1) 仕損が補修によって回復でき、補修のために補修指図書を発行する場合には、（　ア　）指図書に集計された製造原価を仕損費とする。

(2) 仕損が補修によって回復できず、代品を製作するために新たに製造指図書を発行する場合において

① 旧製造指図書の全部が仕損となったときは、（　イ　）指図書に集計された製造原価を仕損費とする。

② 旧製造指図書の一部が仕損となったときは、（　ウ　）指図書に集計された製造原価を仕損費とする。

(3) 仕損の補修または代品の製作のために別個の指図書を発行しない場合には、仕損の補修等に要する製造原価を見積ってこれを仕損費とする。

前記(2)または(3)の場合において、仕損品が売却価値または利用価値を有する場合には、その見積額を控除した額を仕損費とする。

軽微な仕損については、仕損費を計上しないで、単に仕損品の見積売却価額または見積利用価額を、当該製造指図書に集計された（　エ　）から控除するにとどめることができる。

仕損費の処理は、次の方法のいずれかによる。

(1) 仕損費の実際発生額または見積額を、当該指図書に賦課する。[*1]

(2) 仕損費を間接費とし、これを仕損の（　オ　）に賦課する。この場合、間接費の予定配賦率の計算において、当該製造部門の予定間接費額中に、仕損費の（　カ　）額を算入する。[*2]

ア	イ	ウ	エ	オ
補 修	旧製造	新製造	製造原価	発生部門
カ				
予 定				

解 説

＊1　仕損費（直接経費処理）のイメージ

(例)　甲社は、記念品のおまんじゅうを製造、販売しており、顧客から受注した製造指図書ごとに仕掛品勘定を分けて記帳している。製造指図書 No101 の製造で仕損が生じ、製造指図書 No102 で作り直した。直接経費処理する。

仕掛品 No101			仕損費			仕掛品 No102		
直材	100	仕損　600 →	No101 600	No102 600		原価	700	製品 1,300
直労	200	①		→②		仕損	600	
製間	300							

＊2　仕損費（間接経費処理）のイメージ

(例)　乙社は、船舶の製造、販売を行っており、顧客から受注した製造指図書ごとに仕掛品勘定を分けて記帳している。製造部門として、船体の製造部門と、操縦室の製造部門に分かれており、製造間接費勘定を分けて記帳している。

当期に顧客A、Bから受注し製造を行っていたが、操縦室の製造部門で仕損が発生する見込みであるため、操縦室の製造部門予算に仕損費を含め、間接経費として予定配賦する。

その後、製造指図書Aで仕損が生じ、製造指図書A－2で作り直した。

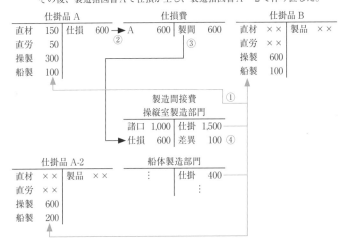

291

36 作業くずの処理 ★

　個別原価計算において、作業くずは、これを総合原価計算の場合に準じて評価し、その発生部門の（　ア　）費から控除する。ただし、必要ある場合には、これを当該製造指図書の直接材料費または製造原価から控除することができる。

第5節　販売費及び一般管理費の計算

　（中略）

37、38、39

第3章　標準原価の計算

40 標準原価算定の目的 ★★★

　標準原価算定の目的としては、おおむね次のものをあげることができる。

⑴　（　イ　）を効果的にするための原価の標準として標準原価を設定する。これは標準原価を設定する最も重要な目的である。

⑵　標準原価は、真実の原価として仕掛品、製品等の（　ウ　）価額及び売上原価の算定の基礎となる。

⑶　標準原価は、予算とくに見積（　エ　）の作成に、信頼しうる基礎を提供する。

⑷　標準原価は、これを勘定組織の中に組み入れることによって、（　オ　）を簡略化し、迅速化する。

標準原価は、直接材料費、直接労務費等の直接費及び製造間接費について、さらに製品原価について算定する。

原価要素の標準は、原則として物量標準と価格標準との両面を考慮して算定する。

(1) 標準直接材料費

① 標準直接材料費は、直接材料の種類ごとに、製品単位当たりの標準消費量と標準価格とを定め、両者を乗じて算定する。(中略)

③ 標準価格は、予定価格または正常価格とする。

(2) 標準直接労務費

① 標準直接労務費は、直接作業の区分ごとに、製品単位当たりの直接作業の標準時間と標準賃率とを定め、両者を乗じて算定する。(中略)

③ 標準賃率は、予定賃率または正常賃率とする。

▶ 解 答

ア	イ	ウ	エ	オ
部 門	原価管理	棚卸資産	財務諸表	記 帳

➤ 解 説

オ 標準原価を使用するため、製品元帳における受払いは数量のみ記帳すれば済むことを、記帳の簡略化といいます。

生産量や販売量がわかり次第、製品原価や売上原価を計算できることを、記帳の迅速化といいます。

(3)　**製造間接費の標準**

　製造間接費の標準は、これを部門別（またはこれを細分した作業単位
別、以下これを「部門」という。）に算定する。（中略）部門間接費予算
は、（　ア　）予算または（　イ　）予算として設定する。

①　（　ア　）予算

　　製造間接費予算を、予算期間において予期される一定の操業度に基
　づいて算定する場合に、これを（　ア　）予算となづける。各部門別
　の（　ア　）予算は、一定の限度内において原価管理に役立つのみで
　なく、製品に対する標準間接費配賦率の算定の基礎となる。

②　（　イ　）予算

　　製造間接費の管理をさらに有効にするために、（　イ　）予算を設
　定する。（　イ　）予算とは、製造間接費予算を、予算期間に予期さ
　れる範囲内における種々の操業度に対応して算定した予算をいい、実
　際間接費額を当該操業度の予算と比較して、部門の業績を管理するこ
　とを可能にする。（中略）

　　変動予算の算定は、実査法、公式法等による。（中略）

(4)　**標準製品原価**

　標準製品原価は、製品の一定単位につき標準直接材料費、標準直接労
務費等を集計し、これに標準間接費配賦率に基づいて算定した標準間接
費配賦額を加えて算定する。

　標準間接費配賦率は固定予算算定の基礎となる操業度ならびにこの操
業度における標準間接費を基礎として算定する。

　標準原価計算において加工費の配賦計算を行う場合には、部門加工費
の標準を定める。その算定は、製造間接費の標準の算定に準ずる。

標準原価の改訂 ☆

標準原価は、原価管理のためにも、予算編成のためにも、また、棚卸資産価額及び売上原価算定のためにも、現状に即した標準でなければならないから、常にその適否を吟味し、機械設備、生産方式等生産の基本条件ならびに材料価格、賃率等に重大な変化が生じた場合には、現状に即するようにこれを改訂する。

43 **標準原価の指示** ☆☆

標準原価は、一定の文書に表示されて原価発生について責任をもつ各部署に指示されるとともに、この種の文書は、標準原価会計機構における補助記録となる。（中略）

▰▰ ▸ **解 答**

ア	イ
固　定	変　動

44　原価差異の算定及び分析　　　　　　　★★

　原価差異とは実際原価計算制度において、原価の一部を（　ア　）価格等をもって計算した場合における原価と実際発生額との間に生ずる差異、ならびに標準原価計算制度において、（　イ　）と実際発生額との間に生ずる差額（これを「標準差異」となづけることがある。）をいう。

　原価差異が生ずる場合には、その大きさを算定記録し、これを分析する。その目的は、原価差異を財務会計上適正に処理して製品原価及び損益を確定するとともに、その分析結果を各階層の経営管理者に提供することによって、原価の管理に資することにある。

45　実際原価計算制度における原価差異　　　★★★

実際原価計算制度において生ずる主要な原価差異は、おおむね次のように分けて算定する。

(1)　**材料副費配賦差異**

　　　材料副費配賦差異とは、材料副費の一部または全部を予定配賦率をもって材料の購入原価に算入することによって生ずる原価差異をいい、一期間におけるその材料副費の配賦額と実際額との差額として算定する。

(2)　**材料（　ウ　）価格差異**

　　　材料（　ウ　）価格差異とは、材料の（　ウ　）価格を予定価格等をもって計算することによって生ずる原価差異をいい、一期間におけるその材料の受入金額と実際受入金額との差額として算定する。

(3)　**材料（　エ　）価格差異**

　　　材料（　エ　）価格差異とは、材料の（　エ　）価格を予定価格等をもって計算することによって生ずる原価差異をいい、一期間におけるその材料費額と実際発生額との差額として計算する。

⑷　**賃率差異**

　　賃率差異とは、労務費を予定賃率をもって計算することによって生ず
る原価差異をいい、一期間におけるその労務費額と実際発生額との差額
として算定する。

⑸　**製造間接費配賦差異**

　　製造間接費配賦差異とは、製造間接費を予定配賦率をもって製品に配
賦することによって生ずる原価差異をいい、一期間におけるその製造間
接費の配賦額と実際額との差額として算定する。

⑹　**加工費配賦差異**

　　加工費配賦差異とは、部門加工費を予定配賦率をもって製品に配賦す
ることによって生ずる原価差異をいい、一期間におけるその加工費の配
賦額と実際額との差額として算定する。

⑺　**補助部門費配賦差異**

　　補助部門費配賦差異とは、補助部門費を予定配賦率をもって製造部門
に配賦することによって生ずる原価差異をいい、一期間におけるその補
助部門費の配賦額と実際額との差額として算定する。

▬▶ **解　答**

ア	イ	ウ	エ
予　定	標準原価	受　入	消　費

振替差異とは、工程間に振り替えられる工程製品の価額を予定原価または正常原価をもって計算することによって生ずる原価差異をいい、一期間におけるその工程製品の振替価額と実際額との差額として算定する。

46　標準原価計算制度における原価差異　★★★

標準原価計算制度において生ずる主要な原価差異は、材料受入価額、直接材料費、直接労務費及び製造間接費のおのおのにつき、おおむね次のように算定分析する。

(1)　材料受入価格差異

材料受入価格差異とは、材料の受入価格を標準価格をもって計算することによって生ずる原価差異をいい、標準受入価格と実際受入価格との差異に、実際受入数量を乗じて算定する。

(2)　直接材料費差異

直接材料費差異とは、標準原価による直接材料費と直接材料費の実際発生額との差額をいい、これを材料種類別に価格差異と（　ア　）差異とに分析する。

①　価格差異とは、材料の標準消費価格と実際消費価格との差異に基づく直接材料費差異をいい、直接材料の標準消費価格と実際消費価格との差異に、実際消費数量を乗じて算定する。

②　（　ア　）差異とは、材料の標準消費数量と実際消費数量との差異に基づく直接材料費差異をいい、直接材料の標準消費数量と実際消費数量との差異に、標準消費価格を乗じて算定する。

(3) **直接労務費差異**

　　直接労務費差異とは、標準原価による直接労務費と直接労務費の実際
　発生額との差額をいい、これを部門別または作業種類別に賃率差異と
　（　イ　）差異とに分析する。

① 　賃率差異とは、標準賃率と実際賃率との差異に基づく直接労務費差
　　異をいい、標準賃率と実際賃率との差異に、実際作業時間を乗じて算
　　定する。

② 　（　イ　）差異とは、標準作業時間と実際作業時間との差異に基づ
　　く直接労務費差異をいい、標準作業時間と実際作業時間との差異に、
　　標準賃率を乗じて算定する。

(4) **製造間接費差異**

　　製造間接費差異とは、製造間接費の標準額と実際発生額との差額をい
　い、原則として一定期間における部門間接費差異として算定して、これ
　を能率差異、操業度差異等に適当に分析する。

▷ **解　答**

ア	イ
数　量	作業時間

47 原価差異の会計処理 ★★

(1) **実際原価計算制度における原価差異の処理は、次の方法による。**

① 原価差異は、（　ア　）差異を除き、原則として当年度の（　イ　）に賦課する。

② 材料受入価格差異は、当年度の材料の（　ウ　）高と（　エ　）在高に配賦する。

この場合、材料の（　エ　）在高については、材料の適当な種類群別に配賦する。

③ 予定価格等が不適当なため、比較的多額の原価差異が生ずる場合、直接材料費、直接労務費、直接経費及び製造間接費に関する原価差異の処理は、次の方法による。

i **個別原価計算の場合**

次の方法のいずれかによる。

イ 当年度の（　オ　）と期末における（　カ　）に指図書別に配賦する。

ロ 当年度の（　オ　）と期末における（　カ　）に科目別に配賦する。

ii **総合原価計算の場合**

当年度の（　オ　）と期末における（　カ　）に科目別に配賦する。

(2) **標準原価計算制度における原価差異の処理は、次の方法による。**

① 数量差異、作業時間差異、能率差異等であって異常な状態に基づくと認められるものは、これを（　キ　）項目として処理する。

② 前記①の場合を除き、原価差異はすべて実際原価計算制度における処理の方法に準じて処理する。

ア	イ	ウ	エ	オ
材料受入価格	売上原価	払　出	期　末	売上原価

カ	キ
棚卸資産	非原価

➤ 解　説

原価差異の会計処理

原価差異の種類	状　態	処　理　方　法
材料受入価格差異	－	材料の払出高と期末有高に配賦
材料受入価格差異以外	差異が少額	売上原価に賦課
	差異が多額	（個別原価計算） 指図書別または科目別（売上原価、仕掛品、製品など）に配賦
		（総合原価計算） 科目別（売上原価、仕掛品、製品など）に配賦
数量差異、 作業時間差異、 能率差異等	異常な状態 での差異	非原価項目

差異が多額なときに、科目別配賦を行う方法

　ころがし計算法と、一括調整法があり、一括調整法には総括配賦と原価要素別配賦があります。

ころがし計算法のイメージ

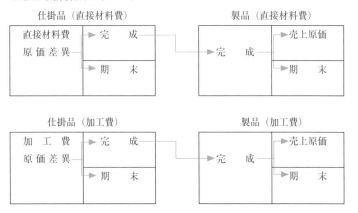

一括調整法
総括配賦のイメージ

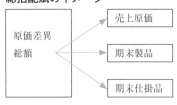

原価要素別配賦のイメージ

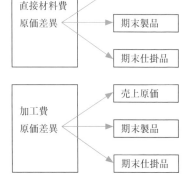

（コラム）　最後に

　最後まで学習していただき、本当にありがとうございました。会計理論は抽象的であるため、学習は大変であったかと思います。

　特に★1つの箇所は難解な論点が多く、一部、公認会計士試験レベルのものが結構入っています[01]。

　　01）より詳細な論点を学習することで、基本論点の理解に役立つと思い、掲載しました。

　会計理論はたしかに仕訳や計算問題の理解に役立つという面もあります。しかし、現在の本試験では100点中およそ90点は、計算問題が出題されています。そして、著者の主観ですが、計算問題のうちおよそ50点くらいは基本的な問題、25点は応用問題、15点は埋没問題（解けなくても合格できる問題）です。

　本試験では、基本問題（計算）をできるだけとりこぼしがなく得点し、応用問題（計算）でどれだけプラスαの得点をとれたかで合格が決まります。

　そのためには、過去問題集や直前予想模試などの実践形式の問題のうち「基本的な問題」でできなかったものを、自力で解けるまで繰り返す必要があります。

　したがって、**理論問題は完璧に正解したけど、計算の基本問題が解けなかったということがくれぐれもないようにしてください。**

　本試験で計算問題を解くにあたっては、頭から順番に解くのではなく、基本的な問題（イメージとしては、1つの論点を解くことで得られる得点を、解くのにかかる時間で割って、得点効率の良い箇所[02]）から、機械のように冷静に解くようにしてください。

　私は、法人税等や経過勘定から先に解くようにしています。これは公認会計士試験でも同じでした。

　　02）実際に計算しているわけではありません。

　学習にあたっても、70点を取るために、①今、自分が最も優先してやらなければならない箇所はどこかを書き出してみて、②優先順位を付けて、③優先順位の高いものから順番に進めるようにしてください。

索引

せっかく日商簿記1級に向けて学習したのであれば

全経簿記上級

にも挑戦してみよう！

右の図をご覧下さい。どうしても本試験日まで日数があると、学習のモチベーションが上がらず、手を緩めてしまいがちです。すると、日商簿記1級の試験後に実力が下がってしまい、次の日商簿記1級の試験直前で追い上げようとしても、合格できるかどうか分かりません（Aの線）。

ところが、次の日商簿記1級試験までの間に全経簿記上級の受験も加えるとどうなるでしょうか。仮に日商簿記1級にギリギリのところで合格できなくても、全経簿記上級に向けてモチベーションを維持して学習し続けることで、次の日商簿記1級に向けて確実に実力を向上させることができます（Bの線）。力を落とさないためにも、日商簿記1級を学習されるのであれば、ぜひ全経簿記上級にも挑戦してみましょう！

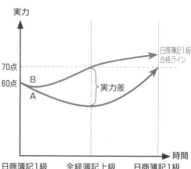

日商簿記1級		全経簿記上級
商業簿記・会計学、工業簿記・原価計算	試験科目	商業簿記・会計学、工業簿記・原価計算
毎年6月・11月の年2回	試験日程	毎年7月・2月の年2回
税理士試験の受験資格が付与される	合格者への特典	税理士試験の受験資格が付与される
各科目25点、合計100点満点	配　点	各科目100点、合計400点満点
4科目合計70点以上 ただし、各科目10点以上	合格ライン	4科目合計280点以上 ただし、各科目40点以上

▶ 試験範囲は日商簿記1級とほぼ同じ

⇒ 日商簿記1級で学んだ知識や使った教材はほとんど活用可能。

▶ 採点は各科目100点満点の計400点満点

⇒ 計100点満点の日商簿記1級と比べて配点が細かいため、実力が点数に反映されやすい。

▶ 合格すれば税理士試験の受験資格が得られる

⇒ 日商簿記1級と組み合わせることで、税理士試験の受験資格を得るチャンスが年4回に。

全経簿記上級の試験対策は…？

日商簿記1級合格に向けて学習してきた基本知識はほぼそのまま活用できるので、あとは過去問題対策を中心に、全経簿記上級特有の出題形式や出題内容（理論問題や財務分析など）の対策を進めよう！

全経簿記上級 過去問題集
出題傾向と対策

- 分かりやすい解説で初めての方も安心
- 理論問題・財務分析対策記事で全経簿記上級特有の内容もバッチリ対策

全経簿記上級WEB講座
試験対策コース

- 講師の解答テクニックを動画で解説
- 過去問対策や模試を通じて、全経簿記上級特有の論点を中心に対策

書籍及び講座の名称やデザイン、価格等は予告なく変更となる場合がございます。
書籍や講座の最新情報は弊社ホームページをご確認下さい。

ネットスクール 検索 今すぐアクセス！ **https://www.net-school.co.jp/**

※各資格の最新情報については、必ず主催者ホームページ等をご確認ください。

ネットスクールの WEB 講座のご案内

日商簿記1級

簿記検定の最高峰、日商簿記1級の WEB 講座では、実務的な話も織り交ぜながら、誰もが納得できるよう分かりやすく講義を進めていきます。
また、WEB 講座であれば、自宅にいながら受講できる上、受講期間内であれば何度でも繰り返し納得いくまで受講できるため、範囲が広くて1つひとつの内容が高度な日商簿記1級の学習を無理なく進めることが可能です。
ネットスクールと一緒に、日商簿記1級に挑戦してみませんか？

標準コース 学習期間（約1年）

じっくり学習したい方向けのコースです。初学者の方や、実務経験のない方でも、わかり易く取引をイメージして学習していきます。お仕事が忙しくても1級にチャレンジされる方向きです。

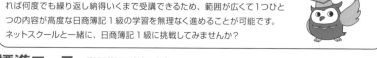

速修コース 学習期間（約6カ月）

短期間で集中して1級合格を目指すコースです。比較的残業が少ない等、一定の時間が取れる方向きです。また、税理士試験の受験資格が必要な方にもオススメのコースです。

※1級標準・速修コースをお申し込みいただくと、特典として**2級インプット講義**が本試験の前日まで学習いただけます。
2級の内容に少し不安が…という場合でも安心してご受講いただけます。

Point 日商簿記1級WEB講座で採用『反転学習』とは？

【従　来】

簿記の授業でも、これまでは上記のように問題演習を授業後の各自の復習に委ねられ、学習到達度の大きな差が生まれる原因を作っていました。そこで、ネットスクールの日商簿記対策 WEB 講座では、このスタイルを見直し、反転学習スタイルで講義を進めています。

【反　転　学　習】

各自、オンデマンド講義でまずは必要な知識のインプットを行っていただき、その後のライブ講義で、インプットの復習とともに具体的な問題演習を行っていきます。ライブ講義とオンデマンド講義、それぞれの良い点を組み合わせた「反転学習」のスタイルを採用することにより、学習時間を有効活用しながら、早い段階で本試験レベルの問題にも対応できる実力が身につきます。